マルティン・ルター

エキュメニズムの視点から

W. カスパー◉著
高柳俊一◉訳

教文館

日本の読者の皆様へ

本年つまり二〇一六年、わたしたちは、ちょうど五〇〇年前、マルティン・ルターの『九五か条の提題』掲示の出来事からはじまった宗教改革のことを思い起こします。それは中世の始まりから近代のはじめまでのヨーロッパの歴史における一つの大きな出来事でした。この出来事はヨーロッパを越えて全キリスト教世界に影響を与えるようになった出来事であり、一六世紀の中葉、日本にまでその影響をおよぼすまでなっていきました。

宗教改革者たち、特にマルティン・ルターはキリスト教の刷新を目指しました。それは一六世紀当時、起こるべくして起こったという以上の運動でした。しかし残念ながら宗教改革はキリスト教徒をカトリックとプロテスタントに分断する結果になってしまいました。そしてこの分断は今日まで日本にも傷跡を残しています。この分断はすべてのキリスト教徒の共通の目標の達成を妨げており、「すべての人が一つであるように」と言われたイエスの最後の晩餐の祈り（ヨハネ一七・21）に反するものであります。

それ故、二〇世紀になってエキュメニズム運動が起こって、この傾向に歯止めがかかり、すべてのキリスト教徒の和解と一致への道が打ち出されたことに、わたしたちは感謝しなければなりません。第二バチカン公会議（一九六二―六五年）ははっきりとこの道を選択し、公会議後の歴代教皇たちはみな決然と勇気をもってこの道をさらに推進しはじめたのでした。カトリック教会にとって今年は「慈しみ」の聖年にあたっています。わたしたちキリスト者は、特に和解と平和の道を求めて進むように求められています。

　このようなエキュメニカルな精神においてカトリック神学はこれまでの五〇年の間にかつてのマルティン・ルターに対する一方的、否定的な評価を改めてきました。その結果、多くの教理上の問題についての歩み寄りと共同作業が可能となりました。一六世紀の議論の中心的な問題、すなわち義認の教理において基本的合意を達成することができました。そのほかの問題においても、たとえば教会というものの理解やその教職の理解、特にペトロの役務について両教会は完全な理解に到達するためにはまださらなる道を歩まねばならないでしょう。

　エキュメニズム運動の目的は、キリストの教会が一つになり、すべてのキリスト教徒が一致して、多くの危険と対立に悩まされている世界に平和をもたらすことができるようになることなのです。わたしのマルティン・ルターに関する小冊子によって「日ののぼる国」日本においてもすべてのキリスト教徒の相互理解と協力に多少なりとも奉仕することができたならば幸いであります。

二〇一六年、聖ペトロと聖パウロの祝日

枢機卿　ヴァルター・カスパー

目次

装丁　熊谷博人

マルティン・ルター

エキュメニズムの視点から

序論　様々なルター像と異なる人物ルター

過去五〇〇年の歴史を振り返って見て、記憶の中で称賛、敵対いずれにしろルターほど、双方にとって人々を強く引き付けずにはいなかった歴史上の人物はほとんどいないであろう。それ故、五〇〇年の間に人々が抱いてきた「マルティン・ルター」のイメージは幾度も変貌を経てきた。宗教改革者ルター、プロテスタント教会の教会博士ルター、理性と自由の先駆者ルター、ドイツ民族の英雄、等々。こうしてルターについては彼の伝記の数ほど多くの人物像が存在する[1]。かつては、カトリック教徒にとってルターは異端者であり、今日に至るまで続く結果をもたらした西方教会分裂の責めを負うべき張本人そのものだとみなされてきた。しかし彼をそのように見る時代は過ぎ去った。二〇世紀のカトリック側の研究はルター理解に大きな変化をもたらした。彼が抱いていた真の宗教的な意図が理解されるようになり、分裂の罪についての正しい判断によってルターの洞察のいくつかの受容に向かわせ、特に彼の賛美歌の受容をもたらしたのであった[2]。最近の教皇たちはこの動きに加わったが、特に前教皇ベネディクト一六世〔Benedict XVI (Joseph Ratzinger), 一九二七年生まれ、教皇在位二〇〇五－一三年〕は二〇一一年九月二三日のエアフルトでルターが入会の誓願を行ったアウグスティヌス会修道院の参事会会議室を表敬訪問された。ルターはかなりの数の人々にとってはすでにプロテスタント、カトリック共通の教会博士なのである。

これまで二〇一七年の宗教改革五〇〇年記念祭に向けての意見表明の多くはそこまで行ってはいないが、人びとがエキュメニズム運動におけるルターの役割を高く評価している点で変化を示している。しかし同時に両教会の前にはまだ依然としてこれまで同様に重要な問題について意見の相違が残されている(3)。だから多くのキリスト教徒が二〇一七年の宗教改革五〇〇周年を記念するにあたってわたしたちが教会一致の目的に向かって一歩でも近づくことができることを期待するのは当然なことであり、わたしたちはこの期待を裏切らないようにしなければならないのである。

ルター自身は教会一致を説いた運動家ではなかった。生涯の終わりに近いころ、彼はローマとの合意がもはや不可能だと考えていた。今日カトリック教徒が教会礼拝の中で彼が作詞した賛美歌を歌っていることなど〔たとえば、Gotteslob: Katholisches Gebet-Gesangbuch, 2012, "Weihnachte" 他〕ルターには思いもよらないことだし、わたしたちがユダヤ教徒と対話をしていることは論外、イスラム教との対話も拒絶した。彼はトルコ人に対して好意をもつことが出来ないことを表明している。さらに、今日、バプテスト、メノナイトと呼ばれ、当時、福音主義やカトリック教徒から迫害されていた再洗礼派との対話にも否定的であった。

現代人の違和感はさらにいっそう深いものであろう。今日、多くの人々、両教会の信仰生活を実践している多くのキリスト教徒でも、ルターから投げかけられた問いをもはや理解することはできないであろう。多くのカトリック教徒にとって贖宥の問題に関してそうであるし、また、多くの福音主義キリスト教徒にとっては、罪びとの義認の問題に関してそうであろう。両方の人々にとって今や神はしばしば身近にいない存在となっているし、同時代の他の人々には「神」という言葉が外国語になってしまった世界の中に生きている。「教会」という言葉は今日かつてルターの時代よりも多くの人々にとってすでに「分からない、意味のない言葉」となってしまっている(4)。

ルターの今日的な意義について語る前に、我々はまず両方の教会の現状と現代世界が置かれた変貌した状況を踏まえてから、彼の人物と著書に注目するようにしなければならない。そこで、わたしたちは、ルターが説いた福音の異質性を知ることによって彼が生きた世界を明らかにしようとするのである。わたしはここで一つのテーゼを提示し、次のように主張したいと考える。「まさにルターとその福音の異質性こそが今日、エキュメニズム運動にとって本来、現実に焦眉の問題なのである」と。

第一章　衰退から新たな出発への過渡期

一四八三年一一月一〇日にマルティン・ルターが生を受けた世界は、今日の我々には異質な世界であった。それは、中世の終わりの時代、ヨハン・ホイジンガ〔Johann Huizinga, 1872-1945, オランダの中世歴史家〕によれば「中世の秋」の季節であった。教会の頭と肢体における改革への要求が至るところで叫ばれ、帝国議会でも再三声高に叫び求められた。時代は衰退の秋であった。ある時はかなりの間三人の教皇が争い、互いに破門しあう教会分裂（一三七八―一四一七年）〔一三七八年から一四一七年の間にローマとフランスのアヴィニョン、さらには北イタリアのピサで「教皇」が選出され、互いに正統性を主張したが、一四一七年一一月コンスタンツ公会議で廃位あるいは自主退位し、マルティヌス五世がローマで選出されたことにより、ようやく事態がおさまった〕によって教会の権威は極度の失墜に直面していた。神学の分野においては極度の不鮮明性が支配的であり、特に恩恵論ではウィリアム・オッカム〔William Occam, 1285-1347, フランシスコ会士、唯名論者〕によってはじめられた唯名論の「新しい道」(via nova) が有力で、ルターはそれをガブリエル・ビール〔Gabriel Biel, 1415-84, テュービンゲン大学で神学と哲学を講じた。一四六八年頃、共同生活兄弟団に加わった〕[5]を通して知ったのであった。ビールは義認論をめぐって、いわばルターの好敵手であった。

他方、一五世紀末にはかずかずの点で特に新しい時代の始まりの兆候が見られた。主なものは、ヴァスコ・ダ・ガマ〔Vasco da Gama, 1469-1524〕とコロンブス〔Cristoforo Colombo, 1451-1506, アメリカ大陸の発見者〕による新世界アメリカ大陸の発見、それにコンスタンティノープルの陥落による千年以上続いたビザンティン帝国の消滅（一四五三年）、グラナダの再奪還（一四九二年）によるスペイン半島からの決定的なイスラム勢力の放逐を通してのレコンキスタ運動〔七一八―一四九二年、キリスト教国によるイベリア半島再征服の運動〕の終結（一四九二年）、ヨハネス・グーテンベルク（一四〇〇―一四六八年）による印刷術の発見、太陽が地球のまわりを回転しているのではなく、地球が太陽の周りを回転している事実を発見したコペルニクス〔Nicolaus Copernicus, 1473-1543〕による自然科学革命であった。これら多くはすべて新しい時代の到来を感じさせる出来事であった。全体としては過渡期あるいは「鞍がえ時代」（Sattelzeit, ラインハルト・コゼレック〔Reinhart Koselleck, 1923-2006, 二〇世紀ドイツの歴史家〕）であり、古いものと新しいものが出会い、重なり合い、ぶつかり合っていた時代であった。

　人間ルターは、中世と近代との間のこの緊張関係からのみ理解することができる。この過渡期の兆候は当時の教会においても認められる。一方で退廃と衰退の兆しが認められるが、同時に宗教改革以前にすでにカトリック改革への動きが見られた。スペインではセヴィリヤでの教会会議（一四七八年）によって悪弊が排除され、たとえば贖宥売買のような悪弊の改善をもたらした。スペインでは有名なポリュゴルット（数か国語）聖書、アルカラの数か国語対照聖書が出版された。イタリアでは改革をめざすグループや新しい修道会が出現した。いわゆるイタリアのエヴァンジェリズモ、福音精神に基づいた刷新運動であり、それは教皇庁の最高位の聖職者層にまでおよんでいた（ガスパロ・コンタリーニ枢機卿〔Gasparo Contarini, 1483-1542, 宗教改革側との対話を提案した最初の人物〕、レジナルド・ポール〔Reginald Pole, 1500-58, 英国人の枢機卿、最後のカンタベリー大司教〕）。

ドイツでは、国土から金銭を吸い取る教皇や教皇庁への不満が満ち満ちていたが、それでも新しい信徒の信心運動（デヴォチオ・モデルナ）が起こり、盛んであった。マルティン・ルターはマールブルク大学の学生時代すでにこの運動に接触しており、神秘主義、特にヨハネス・タウラー〔Johannes Tauler, 1300-61, ドミニコ会士、神秘家〕に個人的に接し、熱心な関心を共有していた。聖書に対する関心はすでにルター以前から拡がっていた。宗教改革以前すでに聖書のドイツ語訳がはじめられていたことが証明されている。ルターが入会した修道会は従来からの既存の修道会でなく、改革修道会であるエアフルトのアウグスティヌス隠修士会であった。その修道会で彼は特にヨハネス・フォン・シュタウピッツ〔Johannes von Staupitz, 1460-1524〕の霊的指導の下、アウグスティヌス〔Augustinus von Hippo, 354-430〕とクレルヴォーのベルナルドゥス〔Bernard de Clairvaux, 1090-1153〕の改革運動について知り、外面的な表現を重んじる信心から距離を置く霊性を学んだのだった。[6] 若いルターはいわば改革派カトリック教徒と呼んでもいいのである。

もっと広範であったのはルネサンス期人文主義の登場であった。コンスタンティノープル陥落によって多くのビザンツの学者たちがイタリアに逃れてきた。こうして古典世界に対する関心が沸き起こった。「源泉へ（帰れ）」（Ad fontes）というスローガンによって、聖書を中世のスコラ学の眼鏡を通してでなく、ヘブライ語とギリシア語の原典によって読むことが推奨されるようになった。ルターもこれによっておおいに影響を受けた。同時に、ルネサンス人文主義は本質的に人間とその尊厳に中心を置いていた（ピコ・デラ・ミランドーラ〔Giovanni Pico dela Mirandola, 1463-94,『人間の尊厳について』の著者、ルネサンス期イタリアの哲学者〕）、それによって近代と近代的人間の自己理解、さらには近代的な人間感情の基礎が置かれたのである。

キリスト教的人文主義の指導者で高い学識をもち、全ヨーロッパでもっとも尊敬されたのは、ロッテルダムのエラスムス〔Erasmus of Rotterdam, 1466-1536,『愚神礼賛』、『自由意志論』の著者〕であった。彼は信心ぶって振る舞う信者、偽修道者、堕落した教皇たちを容赦なく批判した。ヴィルヘルム・ディルタイ〔Wilhelm Dilthey, 1833 - 1911, ドイツの哲学者、ヤスパース、ハイデガーにつながる二〇世紀哲学、心理学に貢献した〕は彼を一六世紀のヴォルテール〔François-Marie Arouet Voltaire, 1694-1778, 啓蒙主義時代の哲学者〕だと言った。(7)『キリストの哲学』の中で彼は外面的な信心ではなく、真のキリスト教たることをめざす再生への意欲を呼び起こすように勧めた。その点で彼はルターと激しく論争したが、それは近代にとって宿命的な意義をもつことになった。人文主義と宗教改革は、ヨーロッパ近代において同時に同じ軌跡をまわり、お互いに引きつけあいながらも、また同時に再び離れていく二つの星となったのである。(8)

第二章　ルターの意図——キリスト教の福音に基づく再生

　このような一六世紀の事情についての簡単な描写を通して、わたしたちは次の問題に直面せざるをえなくなる。それは、ルターと彼の宗教改革において新しい要素は何なのかの問題である。ルターの免罪符についてのテーゼをすべての出発点、すなわちローマに対する不満がいっぱいになった樽から完全にあふれ出したその最後の一滴のように理解しようとするならば、それは、あまりにも短脈的な結論になってしまうであろう。ルターは確かに彼が生きた時代の人間がどのように感じているかについてのはっきりとした感覚をもっていたが、それはまた同時にはっきりと同時代を超越する感触でもあった。彼の考え方は、時代の状況から単純に引き出されることができるようなものではなかった。ルターはすべてを彼の宗教的な深みから捉えていた。彼特有の言語の力は、憎悪の激情でいっぱいの長弁舌で粗野なものだったが、同時に信心深く、繊細で内面的であり、人間の実存的問題に問いかけ、人間の宗教的な深層の次元にまで届くものであった。彼はかつてないほどのエネルギーですべての問いの核心、すなわち神の問いを中心にもち出したのだった(9)。

「どのようにして恵みの神とわたしは戦おうとするのか」。それがルターの実存的問いであり、それこそが彼の全人格をかきたてたのである。ヨハン・テッツェル〔Johann Tetzel, 1465-1519, ドミニコ会士〕の贖宥説教の問題をきっかけに、それはルターにとって告解場における信者を導く司牧上の問題となった。つまり、彼は、贖宥によって人は罪のゆるしを買い、見せかけだけの救いの確実性を与えられるだけだ、と考えたのである。結局、聖書学博士であったルターにとって恵み深い神への問いは、ローマ一・17における「神の義」(Justitia Dei)への問いであった。「神の義は福音において信仰から信仰へ明らかにされる。それは聖書にこう書かれているからである。信仰によって義とされた人は生きるであろう」(『ローマ書講義』一五一五/一五一六年(10))。

ルターは、神の義が積極的に対称清算、処罰、復讐する正義ではなく、受動的に人間を義とし、それによって自由にし、赦し、慰める義であり、わたしたち人間の所業の故でなく、ただ唯一神の恵みと憐みのみによって、また贖宥のような外面的信心の形でなく、信仰を通して振り当てられるものであることを、発見したのである。それによって彼は当時の信仰生活の外面化に抗してキリスト者の実存の内面に転換する深い神秘主義的目標をもったのである。

ルターは、晩年の追憶でこの認識を一般に知られている塔の体験として説明している。(11) おそらく、このような突発的な体験はその日時を特定できるような体験ではなく、長い期間の明確化の過程とそのことを意識する過程に関するものであろう。ヨーゼフ・ロルツ〔Joseph Lortz, 1887–1975, プロテスタント側からも評価されたカトリック側の宗教改革史家〕以後のカトリック側の現代のルター研究は、ルターがこの過程でオッカム主義に対抗しつつ、アウグスティヌスに戻り、当時はカトリック的でないと思われていたものに対抗し、本来のカトリック的と言えるものを再発見したと考えるようになっている。(12)

こうして、一五一七年の『九五か条の提題』の贖宥弾劾の文書が書かれたが、それが実際にヴィッテンベルク城の教会の扉に打ちつけて張りつけられたかどうか、あるいは、彼がそれを送付したのかどうかは別の問題である。それは完全にカトリック的意図であった。とにかく、贖宥命題は革命を意図した文書ではなく、学問的議論への招きであった。もちろん、そのような公開討論会は実現しなかった。それらは本質的に当時の神学界で議論可能な範囲内のものであった。それらは刷新を求めた文書であったが、変革の文書ではなかった。(13) その改革はカトリック教会すなわち全キリスト教界の再生を求めたものであって、いわゆる「改革派教会」の設立を目指したものではなかった。これらの提題が改革主義的運動のもととなったことは、まずルター自身にとっても意外で、抗しがたい反響とそれを呼び起こした歴史的ダイナミズムによるものであり、それによってルターが最後にはそもそも行動を起こした一個人から目撃者、さらには流れに押し流されていく人物になっていたのである。

ルターの意図は、最大の事柄（quod est maximum）、すなわち、神の恩恵の栄光に輝く福音をめざすことであった。福音は、ルターにとってただたんに聖書、または書物、教理の法典ではなく、生きた福音であり、人格的、実存的呼びかけ、「わたしとわたしたちに対する」呼びかけ（promissio pro me et nobis）(14)であった。それは十字架の福音であり、十字架の福音だけが平和を与えるのである。こうして、ルターは安っぽいキリスト教信仰だとして、すべてを業に頼るキリスト教信仰は無価値だとして遠ざけたのであった。すでに第一の提題において彼はキリスト者の生涯すべてが絶えざる改悛でなければならないと述べていた。ルターの改革はこうしてまずはじめから彼の改悛の神学と、主であり、導き手であるイエス・キリストによる回心の呼びかけの文脈の中に設定されていたのである。

このように、ルターは改革者であったが、改革主義者ではなかった。彼は分離独立した改革派教会の創立者になるということなどは、全く考えていなかった。彼の意図はカトリック、普遍的教会すなわち全キリスト教会の刷新にあった。すなわち、それは福音からの刷新であった。初期の手紙が示すように、彼にとってそれはキリストの認識（cognitio Christi）、「キリストのみ」（solus Christus）に向かうものであった。彼は言っている。「福音の光をそれが隠されている暗黒の中から引き出し、自分の魂の中に再び輝きださせるようにしたい」と。これらはたまたま極端な表現であるが、教会に対する聖霊の呼びかけと提供なのである。

このような、言葉の根源的な意味における福音主義的意図において、ルターは彼以前のカトリックの教会刷新者の長い伝統の流れに属している。アッシジの聖フランチェスコ〔Francesco d'Assisi, 1182–1226〕のことをまず思い出せば、彼は同志たちが、ただ単純に福音を生き、説教をしてまわることを望んだのであった。わたしたちは、福音主義であると同時にカトリック的なルター本来の根源的な意図を、今日エキュメニカルな視点でともに考えなければならないのである。

第三章　教派の違いの時代の成立と終わり

わたしたちは、ルター本来の意図の今日的意義を語る前に、それがどのようにしてキリスト教世界の刷新に向かったのではなく、分断につながっていってしまったのかを問わなければならない。しかも、それはあらゆる悪い結果をもたらした。ヴォルフハルト・パネンベルク〔Wolfhart Pannenberg, 1928-2014, モルトマンとともにカール・バルト以後の世代を代表するプロテスタント神学者〕が次のように述べた言葉はまさしく当を得ている。「分離、独立したルター教会の成立は宗教改革の成功ではなく、挫折を意味する(15)」。

このような問題では、いつも多くの根拠を挙げることができる。宗教改革は高度に複雑な歴史現象であり、一方だけに責を帰すことはできないが、理由の一つはルターの悔い改めの呼びかけが、当時のローマ当局と司教たちに聞き容れられなかったことである。悔い改めの要求を受け容れ、それに必要な改革をすることによって応える代わりに、彼らの反応は反論と弾劾であった。ローマは、教会改革の運動が教会分裂の宗教改革になった大きな責任を、ともに負わなければならない。この共同責任はすでに教皇ハドリアヌス六世〔Hadrianus VI, 1459–1523, オランダ出身、神聖ローマ帝国皇帝カール五世の家庭教師だった〕がニュルンベルク帝国議会（一五二三年）に派遣した特使を通してすでに認めたところである。

ローマと司教たちがルターの改悛と改革の要求に耳を貸さなかったので、ルターは、アウグスブルクでカイェタヌス枢機卿〔Thomas Cajetanus, 1469–1514, ドミニコ会総長、哲学者〕の審問（一五一八年）、ヨハネス・エック〔Johannes Eck, 1486–1543〕との討論（一五一九年）、最後にローマ聖座からの破門（一五二一年）の後に、〈彼の福音〉の理解に敵対する教皇レオ一〇世〔Leo X, 1475–1521, フィレンツェ・メディチ家出身、ルネサンスを絶頂期に導いた人物〕はテサロニケの信徒への第二の手紙（二・4）で預言されていた反キリストだ、という考えをますます強めていった。[16] ルターは黙示的意識に満たされ、自分自身がキリストと反キリストとの最後の戦いの渦中にあると考えたのだった。それは危険な立場であった。[17] それは対話の可能性を締め出し、調停を図ろうとしたどのような立場も排除したからである。反キリストとはどんな対話も可能でない。反キリストとはいつも敵立しなければならない。こうして、修道士、改革に目覚めたカトリック教徒、一五一七年までまだ教会の子であったルターは、自分ではそう言わなかったが、宗教改革への道に突き進んでいったのである。ハンドルを自分の手に握り、そしてまもなく他の人々にそれをまかせなければならなくなったのである。

彼の宗教改革への計画書『キリスト教界の改善に関してドイツのキリスト者貴族に宛てて』[18]（一五二〇年）において、ルターは、教皇と教会改革に反対する司教たちに対して自分らに改革への独占権があるという主張を論破した。洗礼を受けたすべてのキリスト教徒は司祭であるとしたペトロの第一の手紙の考え方（二・5、9）から彼は、教会博士たちとトマス・アクィナス〔Thomas Aquinas, 1225–74. 中世最大の神学者、『神学大全』の著者〕と盛期スコラ主義の神学者たちの解釈をはるかに越えて教皇職ばかりでなく、カトリックの教会理解と教導職理解に疑義を呈した。同じ一五二〇年、第二番目の重要な著作『教会のバビロン捕囚について』[19]において、当時説明されている形でのカトリック教会の秘跡の序列を退けたのである。

ルターは新しい教会理解を体系的に書き上げたのではなかった。彼は当時それまで続いてきたローマ教会の既存の組織におけるゆがみを打破し、本来の教会秩序に対応するような改革を導入することが必要だと確信していた。しかし、彼はそのことによってカトリック的教会理解との決別を生み出したのであった。彼は、決定的点がよく知られ、しばしば引用される『ドイツのキリスト者貴族に宛てて』の以下のような文章にまとめ上げている。「なぜなら、洗礼から導き出される者はみずからを司祭、司教、教皇にすでに聖別されているのである。それがたとえそのような聖職にふさわしくなくとも」[20]。ルターにとって教会は信仰者の集いであって、特別な聖徒から成る身体ではなく、信仰における聖徒の集まりなのだった（『ローマの教皇制について』一五二〇年）[21]「教会は秘められている。聖徒は知られない」（『奴隷的意志について』一五二六年）[22]。これによって位階制が単純に拒否されたのでないが、それでも福音のために乗り越える必要がある次の段階の問題、ある場合にはどうしてもそうせざるを得ない問題が残されていた。

ヴィッテンベルク城のエルスター門でルターが破門状と『教会法大全』を焚書した象徴的行為（一五二〇年）によって、ローマとルターの対立は決定的になった。一五二一年、ルターは法的に破門になった。ヴォルムスの帝国議会（一五二一年）における彼の態度は後に、彼自身によって同様に「わたしは、こうする以外には行動できない。ここにわたしは立つ。神よ、わたしを助けてください」と言った言葉は、彼の皇帝と帝国との決別を強調したものであった[23]。

それでも一五二一年にはまだ多くの扉が残されていた。一五二〇年代初めのころの著作であるルターの論争的文書からは、教会における司祭は一般司祭職から秩序維持のために必要な委託を受けたものだと考えていたような印象を呼び起こす。彼はこのような印象を後の著作において全く与えないようである。成熟したルターは、教会の聖職を真の教会のしるしであると理解し、イエス・キリストによってそれらが確立されたものであるとして按手の意義を強調している[24]。

この立場は『アウグスブルク信仰告白』（一五三〇年）の中に取り入れられている。この信仰告白においてメランヒトン〔Phillip Melanchthon, 1497-1560, ルターの思想を体系化した〕は教皇と皇帝との合意を何とか築こうと努力した跡がうかがわれる。メランヒトンは福音に余地が残されている限りにおいて、歴史的司教職を通常の事例として認めることに異存がないことを示している[25]。その試みが挫折したので、ルターは一致の可能性への希望を放棄した。「それ故、わたしたちはここで永遠に別れ、相対立しており、そうあり続ける」（『シュマルカルデン条項』、一五三七年[26]）。こう彼はその時点で書いている。教皇は一五三六年、遅きに失して、事態がすでにあまりにも進展してしまってから公会議を、最初マントワ〔イタリア・ロンバルディア地方の都市〕に、後にトリエントに招集したのであった〔北イタリアの都市〕。

事態の展開すべてがこのようになってしまったのには、神学的ばかりでなく、政治的な要素が決定的な影響を与えた。すでに、一五二〇年ルターは万人司祭職についての彼の教えの基礎をキリスト教徒の貴族と帝国都市の長官の手元に提出している。民衆でなく貴族への訴えということは、ルターがまだ中世的枠組みの中で物事を考えていたことを示している。一五二六年のシュパイアー帝国議会では諸侯が改革を自分たちの手中におさめた。ルターにとって諸侯の改革は司教たちが機能しなくなったための緊急策であり、緊急秩序策であった[27]。ルターは、神のことばがおのずから事態解決することを確信していた。「神のみこころにかなう時と所とにおいて」（Ubi et quando visum est Deo,『アウグスブルク信仰告白』）[28]。こうして未来の可能性へ向けて原理的な開きがあったが、それでも、当初、緊急秩序であったものが数世紀続いたことから既成の秩序が生まれ、それが諸侯による領主支配下の教会掌握制度になっていったのである。

一五五五年のアウグスブルク宗教和議では（後に的確に表現されるようになった）原則「領主の教派は領民の教派」（cuius regio, eius religio）が帝国統治原理になった。個々のキリスト教信徒ではなく、領主に彼の領民がカトリック信仰か、あるいはルター派信条かを決めることの自由があることになった。こうして個人の信仰の自由にはわずかの余地しかなく、カトリック教会のものに負けないほどの教会規律が出現した。緊急秩序は数百年を通して通常の秩序となり、領主支配の教会政治体制が長い間持続する秩序となったのである。

こうして宗教改革はまず近代ではなく、中世の継続につながっていたが、今や中世における二つの留め金、すなわち、教皇と皇帝の留め金が失われてしまった状態であった。帝国教会的普遍主義の終わりは教会と政治における個別主義と多元主義をもたらしたが、それはしばしば信条主義に彩られたナショナリズムであり、ヨーロッパ全土に多くの不幸をもたらした。それはすでにルターが生きていた時代に現れはじめ、彼が没した後、全貌を現し、宗教改革側の運動の範囲内でも一致の瓦解をもたらし、西方キリスト教、さらにはキリスト教全体に癒されることない多元主義をもたらした。

ごく最近の研究では信仰告白確立ということがテーマになっているが、それが指し示すのは、ルターの死後、西方教会全体に拡がった改革運動が宗教改革に向かい、独立した告白教会に向かう運動になってしまったということである[29]。この過程の神学的結末が、一五八〇年のルター派最後の信仰告白『一致信条書』(Konkordienbuch)なのである。『アウグスブルク信仰告白』はキリスト教信仰の一致に奉仕すべきものであったが、逆にそれが新しいタイプの一つの分離教会、一つの信仰告白の基礎の上に建てられた、新しい告白教会のマグナ・カルタ〔本来は英国史の大憲章(一二一五年、ジョン王と貴族の間の権力乱用の制限を表現した文書)だが、後に、時代を画する重要な文書を指すようになった〕になってしまったということになる。人々の意識と実際の日常生活では教派の違いの意識はゆっくりと広まっていった。一七世紀以後はじめてその意識は戦闘的な性格を帯びるようになり、しばしば扇動や偏見につながるようになった。

カトリック教会においてもまた公会議後のトリエント式信仰宣言(Professio fidei Tridentina, 1564)によってみずからは告白教会とは理解しなかったが、教派的な色彩を帯びるようになっていった。ラテン・アメリカの新世界と、特にフランシスコ・ザヴィエル〔Francisco de Xavier, 1506–1552〕などの活躍によって知られているように、アジア・アフリカにおける布教活動の広がりを通して、カトリック教会は地域的に特定された教会になる危険に遭遇した。

ドイツにおいてルーテル教会が置かれた国家教会的な状況は、原則として一九一八年に〔第一次世界大戦敗戦の結果、皇帝ウィルヘルム二世の退位によって〕君主制が終わるまで保持され、一九三三年以降ペーター・ブルンナー〔Peter Brunner, ルター派神学者、ハイデルベルク大学教授〕が言い始めた表現「ドイツ的キリスト者」とともに、さらに危険な依存状態に陥ることになった。北欧スカンディナヴィアの国々では、英国における国教会制度のように、国家教会制が弱体化された形式で現在まで続いている(30)。

告白教会の時代は一九一八年の君主制の消滅以後も継続したが、それに伴う二〇世紀、二一世紀の紆余曲折のあげく終わりに近づいている。わたしたちの多元的価値観の時代では告白教会が成立した環境は消滅し、それぞれ異なった信仰告白教会に所属する人々が混ざり合いながら生活し、ともに働き、しばしば同じ家族の一員としてともに生活し（そして祈っ）ているのである。また、今日の個人主義化の過程のお陰で、教派の違いは融通のきくものとなり、多くのルーテル教会の信徒、同時にカトリック信者にも無意味なものとなってしまってそのことを人は残念がるかもしれない。しかし信仰告白による区別の時代は過ぎ去り、後戻りはけっしてせず、過去の廃墟の上にそれを再び生き返らせようとするどのような試みも、すでに挫折へ運命づけられている。カトリック側の復興の試みも、またその祝いも二〇一七年では長期的にはとにかくそれは何も変えることはないであろう。

第四章　ルターと近代精神

ルター自身が、告白教会の確立をめざしたとは考えられないと言うならば、それなら、どうして、そのようになってしまったのか、という問いがもちあがってくる。ルターを教派的人物でないと見る理解は、すでに早くから始まった。過去のすべての宗教改革記念日では、ルターはそれぞれの時代の先覚者、進む道を広げた開拓者として掲げられてきた。現代、特にドイツでは、ルターと宗教改革を自由の近代史のコンテクストで解明しようとする試みが行われている。「わたしは、こうする以外には他に行動できない。ここにわたしは立つ。神よ、わたしを助けてください」と述べた言葉は、教会と政治に対してルターの自由と率直さの表現として通用している。それは教会と政治の権力に対して頭をあげて決然とした姿勢を表明したものと受け止められたのである。

このような考え方には正しい点も多くある。しかしルターの言葉を自由の精神の先駆者、近代の旗手のものとみなすには多くの問題点がある。[31] ヴォルムス〔フランクフルトから南西五〇キロの街。一五二一年の帝国議会にルターが登場した」におけるルターの良心への呼びかけは、疑いもなく近代の自由の歴史における重要な第一歩であった。それが、自律的なものでなく、神のことばに捕らえられた良心に向けられたものを意味していたとしても、そうなのである。農民戦争におけるのと同様に彼は再洗礼派、熱狂派との論争において、観念論的良心ではなく、世俗権威が介入することが必要だと考えていた。ルターはキリスト教社会（societas Christiana）には、宗教的一致が必要だとした中世の考え方をもっていた。中世の普通の人間と同様に、多元的社会というものは彼にとって考えられない代物であった(32)。

　本来の神学的中心の問題は、人文主義者エラスムスとの議論にルターを向かわせた。ルターは、『奴隷的意志について』（De servo arbitorio, 一五二五年）によって、エラスムスの著書『自由意志について』（De libero arbitorio, 一五二四年）に答えた。彼は、はっきりと、望みうるあらゆる明解さをもって、自分が公に説く、神の恵みによって解放されたキリスト教徒の自由とは、ルネサンス人文主義者たちがその理念の基礎を築き、また、その後の自由の歴史の中でますます近代社会の中で人々が認めるようになった、楽観主義的な自己規定的な自由ではないと主張した。この点において、ルターにとっての神学の鍵と転回の中心点があるのであった(33)。それ故、彼は論争に際してほとんど凌駕できないような鋭さや部分的に耐えられ得るような程度の大げさな表現で、議論を展開するのではなく、人間が騎馬のように神からか、あるいは悪魔からも乗られていくのだと述べた[34]。それは当時の人文主義者の世界に大きなショックを与えたが、そのことは理解できるであろう[35]。

『奴隷的意志について』は、人間が自分のもっている力で自由に救いに到達できるとする楽観主義の幻想に対抗して、吹き鳴らされたファンファーレのラッパの音であった。確かに極端な考え方だが、神に依存するか、人間が自分の力で救われるかの問題すべてに関わる、神の支配と人間の自由の問題における二つの間の、決定的関係に関して、すべてを決する問題が提示され、同時に人文主義に対するはっきりとした境界線が引かれた。大分後になって人はその割れ目をふさぐ試みを始めた。ルターは個人の救済の確実性への集中を内面の宗教についての証明だと解釈していた。それによって、ルターは、福音を教会の秘跡の仲介による救済というバビロン捕囚から解放したというのである[36]。こうして人びとはルターの死後、彼とエラスムスを和解させ、彼をヘーゲル〔Georg Wilhelm Friedrich Hegel, 1770–1831, ドイツ観念論を完成させた哲学者〕、レオポルド・フォン・ランケ〔Leopold von Ranke, 1795–1886, 一九世紀ドイツの指導的歴史学者〕、マックス・ヴェーバー〔Max Weber, 1864–1920, 経済・社会学者、『プロテスタンティズムの精神』の著者〕に結びつけて自由主義近代文化の象徴的人物に仕立て上げることが出来たのである。

南ドイツで大人になり、ローマ的文化の影響の色濃く残る世界の中で生活する人間にとっては、このような一九世紀ルター教会＝プロイセン的歴史記述に共感するのは難しいことである。最近の研究はこの留保をただ確認できる。自由の歴史は一五一七年にはじめて始まったのではない[37]。聖書批判、大胆な教会批判、教会改革への運動は、すでに一五世紀に群をなしていた。中世の歴史全体が改革の連続であった。カトリック改革もただ単なるルターの批判を受けて現れた反動だというものだけではなかった。それらはすでに長く時代の雰囲気の中にあった。それらは、それぞれ多くの独自の根をもっていて、それぞれが世界的に一つの独特なカトリック教会の近代的姿になっていった。

　三十年戦争（一六一八―一六四八年）の後、特にカトリック側に割り当てられた領地、オーストリア、イタリア、スペインからラテン・アメリカに至るまで広まったバロック文化は、音楽、表現芸術、イエズス会〔一六世紀の新しいカトリック修道会、創立者はロヨラのイグナティウス〕の学校教育において独自のやり方で近代的主観性を表現するようになった[38]。そのことはまず近代カトリックの霊性と神秘主義について言えることである。ロヨラのイグナティウス〔Exercitia Spiritualia, 瞑想の指導書〕の『霊操』の例を見ればいい。それは実存的決断に向かうのを導くようになっており、アヴィラのテレサ〔Teresa of Avila, 1515-82, 神秘家、修道院改革者〕と十字架のヨハネ〔Juan de la Cruz, 1542-91, 神秘思想家、『カルメル山登攀』〕の主観主義的な経験神秘主義、世界文学の中でもっとも売れた『信心生活入門』（Philothea, 一六〇八／九年）に見られるフランソワ・ド・サル〔François de Sales, 1567-1662, フランスの司教、霊性神学者〕の世界の中での信心のことを思い出してみればいい。また、バロック・スコラ主義は信仰の究極的根拠（Analysis fidei）

によっていくつかの近代に典型的な兆候を示している。

特に近代の起源がどこにあるかを問うならば、フランスのように近代の基準となった国を無視することはできない。近代的思想の父としてしばしば挙げられるデカルト〔Rene Descartes, 1596-1650. 近代哲学者〕はイエズス会学校の生徒であり、少なくともカトリック的な背景をもっていた。ブレーズ・パスカル〔Blaise Pascal, 1623-62〕とフランス、スペイン、イタリアの偉大な古典作家〔例えばコルネーユ、モリエール、ラシーヌ（フランス）、セルヴァンテス、ロペ・デ・ベラ（スペイン）、ペトラルカ、タッソー、アリオスト（イタリア）など〕たちは本格的にはじめて近代カトリック文学者となった。だから、エルンスト・トレルチ〔Ernst Troeltsch, 1865-1923, 一九世紀プロテスタント神学者〕は次のような結論に到達している。「まさに教派の時代に近代文明の母国であったイタリア、フランス、スペインはカトリック国であった[39]」。

告白教会的なルター主義は家長主義的であった。教会と世俗の権威の結びつきに反対して立ち上がったのは、双方から迫害を受けていた再洗礼派のグループやカルヴァン的傾向をもつ自由教会の人々であった。彼らこそが、アメリカ合衆国独立宣言（一七七六年）の基本構想に含まれるようになった神から与えられた人権思想の体制を、フランス革命の人権宣言（一七八九年）に先立つ一〇〇年前に、すでに宣言していたのだった。その基礎は、すでに二〇〇年前サラマンカ大学のドミニコ会神学者たちが起草し[40]、バルトロメ・デ・ラス・カサス〔Bartolome de las Casas, 1484-1565, ドミニコ会士、スペイン人宣教師〕がインディオたちの権利擁護の主張の中に織り込み、要求したものだった。それ故、「近代」というものは唯一の起源や原理から説明できるものでない。それは多くの父親と多くの母親をもっているのである。

これらすべてはルターの重要性を否定するものではない。宗教改革は疑いもなく一六世紀とそれに続く世紀の連鎖の中の重要な一つであった。しかし同時に、一方的に宗教改革をルターに焦点を向けて理解してはならないと思われる。ルター主義の影響史を語ろうとすれば、少なくとも、人文主義的傾向をもっていたメランヒトンの名前を挙げねばならない。そればかりでなく、すべてそれぞれの分野で近代に導いた多彩な非常に多くの小さな道筋があったのである。それらは両方の教会、自由教会、それに教会の影響から自己を解放しようとした英国やフランスの啓蒙主義、それに加えて新たに登場した自然科学（コペルニクス〔Nicholas Copernicus, 1473–1543, ポーランド生まれ、カトリック司祭〕、ガリレオ〔Galileo Galilei, 1564–1642〕）の流れのようなものである。

近代からポストモダンへの流れの中で相対主義的、懐疑主義的な展開を十分に見渡すならば、結局のところ、エラスムスに対して実際あれほど激しく反対したルターか、それとも、彼が生半可な相対主義の立場をとっていると非難したエラスムスか、だれが勝利したのかが疑問になってくる。「聖霊は疑ってはならない」（spiritus Sanctus non est scepticus,『奴隷的意志について』）とルターはエラスムスに反論した[41]。今日ルターはおそらく同じようにいく人かの神学者の名前を書き入れるであろう。自由の歴史のポストモダン版に対して、彼は神中心的、神のことばに捕らえられたキリスト教徒としての人間として対峙することであろう。このようなキリスト教的な立場からの分別（ロマーノ・グアルディーニ〔Romano Guardini, 1885-1968, イタリア系ドイツ人カトリック思想家〕）によってルターは近代にとって異邦人なのであり、まさにこのようなキリスト論的集中によってエキュメニズム運動にとっての彼の今日的意義との結びつきがあるのである。

第五章　カトリック性の新しい発見としてのエキュメニカルな時代

プロテスタント側の権威ある教会史家の一人であるカール・アンドレーゼン〔Karl Gustav Andresen, 1813–91〕は、これまでほとんど注目されて来なかったルターの現代的意義のもう一つの関連側面を指摘している[42]。彼は、自分が編集した『教義・神学史』の中で教会史を三つの時代に区分している——カトリックの時代（教父と中世）、教派別意識（独・コンフェッショナリテート）の時代、最後にエキュメニズムの時代である。

エキュメニズムの時代は、通常エキュメニズムの誕生の瞬間と言われている、エディンバラで一九一〇年に開催された宣教会議で始まったのではなく、人文主義の出現によって始まった。それは教派対立を克服しようとしたものであり、メランヒトン、コメニウス〔Johannes Amos Comenius, 1592–1670, 教育理論家〕、ライプニッツ〔Gottfried Wilhelm Leibniz, 1646–1716, ドイツの近代合理主義哲学者〕、ボシュエ〔Jacques-Bénigne Bossuet, 1627–1704, フランス・ブルボン王朝最盛期の宮廷説教家、雄弁家〕、ピエティスムス〔Pietismus, 敬虔主義、信仰の内面主義〕、ロマン主義、オックスフォード運動〔Oxford Movement. オックスフォード大学の教員であったニューマン（後にカトリックに改宗）を中心に、英国国教会内に起こった伝統回帰運動〕と、超教派的な祈禱運動は長い目で見るならば、エキュメニズムへ向かった運動であった(43)。ルター自身も彼の普遍教会的意図によって教派対立の時代には属さないから、今日の意味でエキュメニカルな人間だったとは言えないにしても、現代のエキュメニカルな意識のコンテクストの中で、彼のエキュメニズム性を問うことが出来るのである。

本来の意味合いから、「エクメネー」(Ökumene)とは地球の人間が住む全領域の意味であった。それ故、こう言えるであろう。それは教条主義によって狭められたカトリック信仰やプロテスタント信仰に代わる、教条主義的で偏狭なカトリック性のものではなく、再発見された本来のカトリック性を指す、と。アンティオキアのイグナティオス〔Ignatius of Antioch, c. 35–c. 108. 使徒教父の一人〕は「カトリック」という言葉をキリスト教語彙の中に初めて導入したが、彼にとって「カトリック」とはイエス・キリストがおられるところであった(44)。キリストはすべての現実の中心、はじめ、目的である(エフェソ一・10、コロサイ一・15—20)。イエス・キリストはこの世を神と和解させた(Ⅱコリント五・19)。キリスト教的エクメネーでは、教会の一致は世界の一致と平和への奉仕のためのものである。それは新しい、最後のアダムであるイエス・キリストにおいて礎が置かれた、普遍的ヒューマニズム(Ⅰコリント一五・45)をめざすのである。

二つの教会は現在、教派的自己理解を克服して、自己がもつキリスト教的存在を宣教、奉仕、世界への責任と一層の献身への賜物として新たに、より深く理解することを学んでいる。カトリック教会はみずからを、世界のための秘跡として理解し、教会はその本質からして宣教的である、と理解している。福音教会は一九六八年のウプサラでの全体会議以来同様な転換を行い、個人の義認に一方的に焦点と視点を集中する狭い見方を克服した。[45]回勅『ラウダート・シ』(Laudato si, 二〇一五年〔現教皇フランシスコの回勅、アッシジの聖フランチェスコの宇宙賛歌から題名が取られた〕)は再度、国際的次元でエコロジー的、宇宙論的に、この普遍的見方を拡大した。

このようなエキュメニカルに拡大化した視野は、わたしたちをイエス・キリストに向けた一つの洗礼に基づくものが、わたしたちを分かつ以上に、わたしたちを結びつけること、分かたれていることにおいて互いに学ばねばならないという結論に導くのである。両方の教会は今日それぞれ自分たちが「つねに刷新し、改革すべき教会」[46](ecclesia semper renovanda et reformanda〔第二バチカン公会議「教会憲章」9項、「エキュメニズム教令」6項から、公会議後に叫ばれるようになった〕)、カトリック教徒は福音主義教会から神のことばと聖書の意義を学び、福音主義教会の信者は秘跡の象徴と典礼の重要性を学んだ。こうして両方の教会は、エキュメニズムの世界を通して豊かになったのである。かつて両方の教会への分裂の時以来存在してきた、それぞれの教会とその教職の理解の問題については、これまで同様に今後も両者を分かつ相違は続くであろう。

教会論におけるこれらの相違は、前世紀の最後の七〇年以来エキュメニズム運動においてそれぞれ二つに区別しうる傾向に展開し、現在相互に妨げあう動きになっている。福音主義教会側では、特に「ヨーロッパ福音主義教会連盟」（ロイエンベルク・コンコーディ、Leuenberger Konkordie, 一九七三年）が教会間の連携モデルとなった。すなわち、分離していた告白教会〔二〇世紀ドイツのプロテスタント運動。福音主義教会を支配し、ナチスを支持する「ドイツ・キリスト者」に対抗した。指導者に、ニーメラーやボンヘッファーらがいる〕が相互に教職と聖餐承認の共同体を結成する動きである。[47] カトリック側では第二バチカン公会議後、分かれた教会との相互対話が行われるようになった。ドイツ語圏でもっとも重要な成果は、『教理についての断罪――教会分裂か』（一九八六年）[48]、国際次元では『義認の教理に関する共同宣言』（一九九九年）[49]である。

対話の成果は、教会間のいくつかの対立点が誤解に基づいており、今日の対話の相互間ではもはや意味をなさず、相違があるにもかかわらず、それらが収斂に向かっていることが示されたという認識に到達したことである。だが、具体的には教職問題における本質について完全な一致が見られたのではなかった。そのことが、対話の成果が、残念ながらずっと現実の教会生活に実りあるものを、もたらしていないことにつながっている。[50]

根本的問題は、教会共同体の福音主義側のモデルと、カトリック側のことばと秘跡が司教職（ペトロの座）に教会の一体性を置くモデルが、両立しないことである。わたしたちは、教会の一致を求めているという点で合意するが、しかしどこに一致点があるのかについて一致せず、こうしてエキュメニズムの旅はどこへ向かうべきかの点で、一致していないのである。共通のエキュメニカルなヴィジョン、ある場合には、共通の意志が欠けているのである。[51] あまりにもしばしば、人には自分の属する教会という城の中でまだ安全だと感じている。人には過去の古い壁の中に立てこもることができると考えている。もうすでにその壁は崩壊し、かつてその中で住んでいた住民はすでに遠く別の場所に住んでいるにもかかわらず。

こうして、その間に二〇世紀のエクメネーの勢いは停滞している。しかし教派主義への逆戻りは破局につながる。なぜなら、現在、西欧の現代社会ではもっと完全な世俗的なエクメネー普遍世界が広まっていて、信条的区別はどうでもよくなり、キリスト教は公共領域から締め出されようとしているからである。盛んに宣伝されるグローバルな世界秩序は、世界混乱になる脅威を内包し、宗教・文化的相違が政治的な道具と化し、これまで聞いたこともない暴力の爆発に進展している。世界の多くの場所で教派的相違が無意味な血のエクメネーを体験しつつある。キリスト教徒は正教、福音主義、カトリックの区別なしに、キリスト教徒であるが故に迫害され、殺戮されているのである（教皇フランシスコのことば）。すべての教会はもはや他教派に対抗したり、あるいは自己満足にお互いに隣り合わせていることはできない。二つの教会はともに生き、お互いに進まなければならない。

このような状況の中でエクメネーは、新たな挑戦を受けている。わたしたちはともに宗教的マントをまとう残虐非道な暴力に対しては、普遍的キリスト教的な愛の福音、正義、平和と自由への非暴力的な投入に尽くすことによって、対応しなければならないのである。わたしが知っている二〇一七年のための最適なエキュメニズム運動への理念は、それ故、共通の救い主イエス・キリスト〔つまりエウカリスティア〕を祝うことである（ハインリッヒ・ベッドフォールド＝シュトローム〔Heinrich Bedford-Strohm, 1960- . ドイツ・福音ルター派教会バイエルン監督（Landesbischof）〕）。それこそ人間に本当に近く、世界の真っただ中のエキュメニカルなカトリック性なのである。

　こうしてわたしたちは次の問いの前に立っている。すなわちそれは、今日マルティン・ルターは、わたしたちに対してエキュメニカルに何か言うことをもっているのかである。

第六章　マルティン・ルターのエキュメニズムにとっての今日的意義

今日の意味で言うならば、ルターはエキュメニズムの推進者ではなかった。同様に、彼の敵対者もまったくそうではなかった。双方とも議論や討論に傾いていた。そのことが双方を偏狭と頑固さに導いたのであった。議論は、すでにはじめから福音に啓示された神の義と憐みの問題から教会、特に教皇の問題に極端に集中していった。教皇と司教たちが改革を拒否したので、ルターは、緊急事態における全信徒司祭職についての彼の理解の基礎の上に、議論を始めざるを得なかったのであった。だが、彼はなお福音の真理がおのずと貫徹されると信じており、だから、将来理解されることを可能にする扉が開かれる、と信じていた。

カトリック側には、一六世紀の始めには同じようにまだ多くの可能性が開かれていた。まだ釣り合いの取れたカトリック的な教会論は、まったく存在しておらず、せいぜいいくつかの端緒、教会論とは言いがたい「位階制度論」だけがあった。教会論の体系的構築は、教皇制に反対する宗教改革側の論争文書への反論としての「論争神学」の中で、始まったのである。教皇制は、そのことによって、それまで知られていなかった方法でカトリック的なもののアイデンティティの目印になり、それぞれの教派的テーゼと反対テーゼが互いに条件付け、限界付けあっていたのである。(52)

エキュメニズム的になったもっと最近の段階になって、はじめて分裂を克服するように扉が広く開かれた。討論の代わりに対話が現れた。対話は、人がこれまで真理だと信じていたもの投げ捨てさせた。本当の対話をすることができるのは、自分の立場をもちつつ、お互いの意見を聞き、学び合うことができる人間である。そのような対話は純粋に個人の知的な出来事ではない。それは賜物の交換である。(53)それはまた、相手の真理と同時に、自分の弱点を認めることである。自分の真理を傷つけることなく、いたずらに論争的にもなることなく、愛において真理を述べ（エフェソ四・15）、対立と分裂の毒を取り除き、それを贈り物にし、双方が本来の意味で理解されたカトリック性においてともに成長し、イエス・キリストにおける神の憐みをより深く認識し、それをともに世界に証しできるようになるためである。

第二バチカン公会議はこの道を歩み始めたが、それは後戻りできない道程を歩み始めたことを意味する。(54)それは道のりであって、すでに出来上がったものではない。第二バチカン公会議の受容は閉会から半世紀を経て目標に到達したのではない。教皇フランシスコはその受容の歴史において新しい局面を開いたのである。[55] 教皇は、「神の民」の教会論に力点を置き、「神の民」の理念の勃興、神の民の信仰感覚、教会の会議的構造を強調し、一致の理念に興味ある新しい兆しが働くようにされた。彼はエキュメニカルな一致が、もはやローマを中心としたグループに集中する図式ではなく、多面的図式、つまり、外見的に一つにまとめられたパズルのようなものではないが、多くの段階をもつものであり、ダイアモンドの場合にそこから出る光が不思議なくらいさまざまな反射をするイメージで理解すべきものであると描いている。オスカー・クルマン〔Oscar Cullmann, 1902-99, スイスの新約聖書学者、はやくからエキュメニズムに積極的であった〕に言及しながら教皇は「和解した多様性」[56] という概念を彼の教会統治プログラム、使徒的勧告『福音の喜び』（Evangelii Gaudium, 二〇一三年）の中で使って、福音から出発して、個々のキリスト者ばかりでなく、司教や教皇にも、恵みと憐みの福音の考え方とともに、回心と刷新が中心に置かれることになっている。

　第二バチカン公会議の受容史ばかりでなく、福音主義的教会においてもルターの受容史はとうに終わってしまったのではない。つまり、ここで問題としているのは福音主義的教会におけるルターの忘却と違和感が問題なのである。ルターの聖餐論と聖餐信心を考えてみればいい。ルターはツウィングリ〔Huldrych Zwingli, 1484–1531, スイスの宗教改革者〕に対して実在論的聖餐理解を固く保持し、内面性重視の宗教を受け容れることはなかった[57]。さらに円熟期のルターが教職、歴史的司教制について彼の福音を教皇が許容し[58]、承認するならば、その手を取り、足に接吻してもいいと述べた彼の発言を思い出すならば、それが分かるのである[59]。それ故、初期のルターの論争的発言だけに注目するのでは十分でない。わたしたちは、もっと教会、教職、聖餐についての理解とそれらの結びつきに関する問題におけるエクメネーの進展の基礎づくりに、新たに取り組まなければならないのである[60]。

さらにもっと進んで、ルターの神秘主義的諸側面をまじめに考える必要がある。それらは、初期のルターの中に見られるばかりでなく、主要な著作、彼のもっとも感情的で宗教改革的な『キリスト者の自由について』[61]（Von der Freiheit eines Christenmenschen）にも見られる。それは、これからの対話の可能性を広げることになりうる。なぜなら、一致と和解は頭の中だけで起こるのではなく、まず心の中で、つまり、個人の霊性の中、日常生活と人間同士の出会いの中で起こるからである。

より学問的に表現すれば、こうなる。わたしたちは、受容的で、互いに相手から学び合うエキュメニカルな態度を必要としている[62]。そうすることによってのみ、カトリック教会は、そのカトリック性を具体的に十分に完結できるからである。逆に、ルターの本来のエキュメニカルな意図は、受容的なエクメネーによって完全なものになるからである。わたしたちは共通の解決策をまだ見出すことが出来ずにいる。だがそれは可能な共通の展望を生み、共通の道を前に進めるのである。完全な一致への道は開かれている。たとえそれがおそらく長く、急カーブの道であっても。

第七章　慈しみのエクメネー——一つの展望

エキュメニズム運動を、さらにいっそう推進するための、マルティン・ルターの最も重要な貢献は、彼によって、それまでまだ開かれていなかった教会論の出発点にあるのではなく、神の恵みと慈しみの福音と回心への呼びかけにある。神の慈しみの福音は彼の時代の問いであると同時に、ルターの個人的問いと必要性であり、それは、また今日、時のしるしであると同時に、多くの人々の切実な問いへの答えでもある。神の慈しみのみが、教会であるキリストのからだの分断が及ぼした深い傷を癒すことができる。それによってわたしたちは心を変え、新たにすることが出来る。それによってわたしたちは回心することに準備され、お互いに慈しみ深く向かい合うことができ、互いに過去に犯した不正をゆるし、和解し、忍耐をもって一歩一歩、歩み、多様性における一致の道を、ともに見つけることが出来るのである(63)。

このような意味において、わたしは、マルティン・ルターが口にした言葉にあやかりたいと思う。それは終末論的展望において反キリストの言葉のように思われるが、もっと冷静で着実に、希望に向けられたものである。「仮にわたしが明日世界は消滅すると知っていたとしても、それでもわたしは、今日リンゴの苗木を植えるでしょう」。二〇〇九年一一月一日、わたしはヴィッテンベルクの新しく整えられたルター公園で、一本の菩提樹の苗木を植える名誉を与えられた。そのお返しとして、ルーテル教会の人々が、わたしの後継者〔＝コッホ枢機卿〕が見守る中でローマの城壁の聖パウロ〔サン・パオロ・フオーリ・レ・ムーラ〕大聖堂のわきに一本のオリーヴの苗木を植えたのであった。

苗木を植えた人は、希望をもたらしたのである。しかし同時に忍耐も必要である。苗木は、深く根をのばして育つために深い根を張らねばならない。こうして成長の妨げになる嵐に対抗するのである。わたしたちも源泉まで（ad fonntes）、根元まで（ad radices）到達しなければならない。霊的エクメネーは、共同の聖書の読みや共同の祈りで行われていない。苗木は、反対側に向かって高く育ち、天までとどき、光に向かって背伸びして行かなければならない。わたしたちはエクメネーを「つくる」ことはできない、組織したり、力で強制することもできない。一致は、神の聖霊の賜物である。しかし、その力が弱いと考えてはならない。はやばやとやる気をなくしてはならない。希望を、はやばやと持ってはならない。一致への働きをはじめた神の霊はまた完成までに導かれるであろう。それは、わたしたちがそれを望むようにではなく、神がそれを望んだようにである。

最後には苗木は大きく育たねばならない。そうして天の鳥たちがその枝に巣をつくることが出来るようになる（マタイ一三・32参照）。わたしたちは、善意のキリスト者がその下、その木陰の下に場所を見出すであろう。つまり、多面体の図に対応して、大きな和解した多様性を認め、今日すでに、ともに神とその慈しみの証人とならなければならないのである。

諸教会の一致は、今日すでに五〇〇年前よりも近づいている。二〇一七年わたしたちは、かつて一五一七年に分裂への道を歩き始めた時のようではなく、一致への道を歩んでいる。勇気と忍耐をもつならば、最後にはわたしたちは失望に終わらないであろう。わたしたちは目をこすり、神の霊が、わたしたちの考えていたのとは全く違ったように成し遂げられたことを見て、感謝するであろう。このようなエキュメニカルな展望において、二〇一七年は福音主義教会の信者とカトリック信者とともに一つのチャンスが訪れている。わたしたちはそれを使わなければならない。それは両方の教会、それを待ち望んでいた多くの人々、さらには、わたしたちが共通の証しを今日もたらしている世界のために貢献することになるであろう。

著者注

本書は二〇一六年一月一八日ベルリン・フンボルト大学グアルディーニ協会主催の連続講演会で著者が行った講演「マルティン・ルター　一五一七—二〇一七——エキュメニカルな展望」を大幅に修正、補足したものである。

ルター著書からの引用はワイマール版（WA）*D. Martin Luthers Werke, 120 Bände,* Weimar, 1883-2009 からである。

アウグスブルク信仰告白とその他の信仰告白書は以下のものである。*Die Bekenntnisschriften der evangelisch-lutherischen Kirche*（1930）(BSELK), Göttingen, 2010.

（1）　福音主義的なルター理解の変遷に関しては以下を参照。B. Lohse, Martin Luther. Leben und Werk, München, 1981, 210-241 より近代的福音主義側の中で著者自身にとって重要なのはV. Leppin, Martin Luther, Darmstadt ²2010; H. Schilling, Martin Luther. Rebell in einer Zeit des Umbruchs, München ³2014である。福音主義的立場からの批判的評価H. M. Barth, Die Theologie Martin Luthers. Eine kritische Würdigung, Gütersloh, 2009である。

（2）長い間主流であったカトリック側の否定的ルター観はヨハン・コクロイスによって始められた。ハインリッヒ・デニフルはルターを悪魔化したが、ハルトマン・グリザーは彼を精神病患者にしたのに対して、歴史学的自己批判の後（セバスチャン・メルクレ、アドロフ・ヘルテ）、特にヨーゼフ・ロールツ、フーバート・イェーディンとその門下エアーヴィン・イセルロー、組織神学者オットー・ヘルマン・ペッシュの下でルターの宗教的意図が認められるようになった。このような研究についての詳細な研究状況の叙述はエキュメニズム研究グループの『宗教改革一五一七―二〇一七――エキュメニカルな視点』に見られる（次の注3参照）。

（3）特に『争いから交わりへ――二〇一七年に宗教改革を共同で記念するルーテル教会とカトリック教会・一致に関するルーテル＝ローマ・カトリック』は上記の成果である。加えて、一致のためのルーテル＝ローマ・カトリック委員会の報告（ライプチッヒ・パーダーボルン、二〇一三年）、『義認と自由――二〇一七年への宗教改革五〇〇年の歩み』ドイツ福音教会（ＥＫＤ）協議会の基本文書『宗教改革一五一七―二〇一七――エキュメニカルな視点』（ギュータスロオー、二〇一四年）がある。福音主義教会とカトリック教会の神学者の委員会のためのものであり、D・サットラーとV・レピンによって編集され、ブライスラオとゲッティンゲンで二〇一四年に出版されたもの。

（4）ルターは公会議と諸教会についてそう述べている。WA 50, 625.

（5）ここでは、E. Iserloh の Geschichte und Theologie der Reformation im Grundriss, Paderborn 1980 と Kirche - Ereignis und Institution. Aufätze und Vorträge, Bd. 2, さらには Geschichte und Theologie der Reformation, Münster 1985 の結論の描写に限定して論じている。

（6）ルターの神秘主義的傾向、とくにクレルヴォーのベルナルドゥスのものはもっとも軽視されている。自由主義神学の否定的な判断、特にハルナックのものはつねに影響を与えている。ルターは信仰の感情的側面と人間に外からの「働きかけとしてのことば」を区別する自由主義神学的立場から自分の立場を区別していた。それに彼は新しいタイプの神秘主義、神のことばと信仰の神秘主義を発展させた。それは個々の敬虔な人々に限定されるのではなく、彼は神秘主義を民主化したのであった。たとえば、E. Iserloh, H. Oberman, U. Köpf, V. Leppin, B. Hamm の研究、その他、F. Buzzi 他編 Lutero e la mistica（Turin, 2014）の中で挙げる人々がいた。ベルナルドゥスからルターが受けた影響については、F. Posset の The Real Luther. A Friar at Erfurt and Wittenberg. Exploding Luther's Life with Melanchthon as Guide（St. Louis, USA, 2011）を参照。

（7） W. Dilthey, Auffassung und Analyse des Menschen im 15. und 16. Jahrhundert（Gesammelte Schriften Bd. 2, 1-89）, Leipzig u. Berlin, ^{2}1921, 42.

P. Walter, Theologie aus dem Geist der Rhetorik. Zur Schriftauslegung des Erasmus von Rotterdam（TStThPh 1）, Mainz, 1991 を参照。

（8） E. Troeltsch, Renaissance und Reformation（1913）（Gesammelte Schriften Bd. 4）, Tübingen, 1925（Aalen 1966）, 261-296.

（9） 神論と三位一体論に関しては、B. Lohse, Luther〔注1参照〕, 172-180.

（10） M. Luther, Vorlesung über den Römerbrief 1515/1516, Bd. 1, 40-45.

（11） 宗教改革の起源についてあまりにも多く議論されてきた。例えば、B. Lohse, Martin Luther（注1）, 157. この問題に関する議論に関しては、堂々巡りの議論に陥る危険性がある。つまり、人はそれによって宗教改革的なものとカトリック的なものを前提に議論し、そこから宗教改革的な特徴を導き出すようになってしまうのである。

（12） E. Iserloh, Kirche - Ereignis und Institution（注5）, 145-155.

（13） パーダーボルンのヨハン・アダム研究所は、ストラスブルク・エキュメニズム研究所と協力してルターの贖宥九五か条に関する解説出版を計画している。

（14） M. Luther, De servo arbitrio, WA 18, 682; 692; 695; vgl. Confessio Augustana, Art. V, BSELK 58. この理解は Thomas Aquinas, Summa theol. I/II q. 106 a. 1および同2に近く、アッシジの聖フランシスコと聖ドミニコの改革運動に起源をもつものである。

（15） W. Pannenberg, Reformation und Einheit der Kirche（1973）. これは彼の Beiträge zur Systematischen Theologie Bd. 3: Kirche und Ökumene, Göttingen, 2000, 173-185に収録されている。ここでは一七四頁以下。

（16） 反キリスト論争は中世で広く知られていたが、ルターの場合単なる論争以上にはっきりとした神学的意味をもっていた。それ故、この非難はルーテル教会の信仰告白書の中に入っていった。BSELK 239f, 300, 430f, 484f, 488f, 1060fを見よ。H. Meyer, Das Papsttum bei Luther und in den lutherischen Bekenntnisschriften（W. Pannenberg（Hg.）, Lehrverurteilungen - kirchentrennend? Bd. 3: Materialien zur Lehre von den Sakramenten und vom kirchlichen Amt（Dialog der Kirchen 6）, Freiburg im Breisgau-Göttingen, 1990, 306-328）.

（17） 典型的な表題は H. A. Oberman の著書の表題、Luther. Mensch zwischen Gott und Teufel, Berlin, 1981（『ルター――神と悪魔の間の人間』）である。

（18） M. Luther, An den christlichen Adel deutscher Nation von des christlichen Standes

Besserung（1520）, WA 6, 381–469.

(19) M. Luther, De captivitate Babylonica ecclesiae, praeludium（1520）, WA 6, 497–573.

(20) M. Luther, An den christlichen Adel dutscher Nation von des christlichen Standes Besserung（1520）, WA 6, 408. カトリック教会の共通司祭職の理解については以下参照。W. Kasper, Katholische Kirche. Wesen - Wirklichkeit - Sendung, Freiburg im Breisgau, 2011, 287–306; 343–350.

(21) M. Luther, Vom Papsttum zu Rom（1520）, WA 6, 301.

(22) »abscondita est Ecclesia, latent sancti«: M. Luther, De servo arbitorio（1526）, WA 18, 652.

(23) V. Leppin, Martin Luther, Darmstadt [2]2010, 177; H. Schilling, Martin Luther, München, 2012, 223.

(24) 以下参照。W. Pannenberg, Das kirchliche Amt in der Sicht der lutherischen Lehre, in: ders.（Hg.）, Lehrverurteilungen - kirchentrennend? Bd. 3: Materialien zur Lehre von den Sakramenten und vom kirchlichen Amt（Dialog der Kirchen 6）, Freiburg im Breisgau-Göttingen, 1990, 286–305; ders., Systematische Theologie, Bd. 3, Göttingen, 1993, 410f; 417–419. さらに zur unterschiedlichen Auslegung von Confessio Augustana, Art V.

(25) Confessio Augustana, Art. XXVIII, in: BSELK 120ff. 一九八〇年のアウグスブルク信仰告白四五〇年記念のおり、再度この基礎の上に両教会間の理解に到達しようとした試みが行われた。はっきりとした成果はなかったが、アウグスブルク信仰告白のカトリック教会による承認の問題が以下のように議論された。H. Meyer, H. Schütte und H. J. Mund（hg.），（Ökumenische Perspektiven 9），Frankfurt am Main, 1977; Hg. von B. Lohse, O. H. Pesch, Das Augusburger Bekenntnis von 1530 dahmals und heute, München–Mainz, 1980; J. A. Burgess），The Role of the Augsburg Conession. Catholic and Lutheran Views. Hg. von J. A. Burgess, Philadelphia（USA），1980.

(26) 『シュマルカルデン条項』（一五三七年）BSEKL 419.

(27) Melanchthon, Apologia Confessionis Augustanae, Art. XIV, in: BSELK 296f.

(28) Confessio Augustana, Art.V, in: BSELK 58.

(29) E. W. Zeeden の以下の研究のまとめ。Konfessionsbildung. Studien zur Reformation, Gegenreformation und katholischen Reform（Spätmittelalter und Frühe Neuzeit 15）Stuttgart, 1985, および、H. Schilling（Hg.），Die reformierte Konfessionalisierung in Deutschland. Das Problem der »Zweiten Reformation«, Gütersloh, 1986; H. Klueting, Das Konfessionelle Zeitalter. Europa zwischen Mittelalter und Moderne, Darmstadt, 2007.

（30） P. Brunner, Vom Amt des Bischofs（Schriften des Theologischen Konvents Augsburgischen Bekenntnisses 9）, Berlin, 1955, 46.

（31） 複雑な問題の詳細な描写はG. Ebelingによる»Luther und die Neuzeit«, Der Kontroverse Grund der Freiheit. Zum Gegensatz von Luther - Enthusiasmus und Luther - Fremdheit in der Neuzeit, in: ders., Lutherstudien, Bd. 3, Tübingen, 1985, 366–394.

（32） K. Lehmann, Toleranz und Religionsfreiheit. Geschichte und Gegenwart in Europa, Freiburg im Breisgau, 2015, 30–34.

（33） De Servo arbitrio, WA 18, 614. Frühe Briefe（WA BR 1, 70; 133f u.a.）はすでに早い時期からルターがエラスムスと対決していたことを示す。『卓上語録』の多くの発言はエラスムスとルターとの間に対立が、持続的な立場の違いが生涯あったことを疑いもなく示している。

（34） De servo arbitrio, WA 18, 635.

（35） Vgl. V. Leppin, Martin Luther,（本書注1）246-257.

（36） ヘーゲルは『哲学史』第三巻の中でおよそそう述べている（Sämtliche Werke, hg. von H. Glockner, Bd. 19, 253–262）. この見解は後にハルナックの『キリスト教の本質』（Das Wesen des Christentums, 1900, Stuttgart, 1964, 160f）他の中に取り容れられた。

(37) すでにディルタイとトレルチ（本書注7、8）H. Klueting, Luther und die Neuzeit (Darmstadt 2011) の中で新しい研究成果をまとめている。

(38) 最近の情報について ³LThK2 (1994) 20–25 による項目 "Barock" I-III を参照。

(39) E. Troeltsch, Die Soziallehren der christlichen Kirchen und Gruppen (1912) (Gesammelte Schriften Bd. 1), Tübingen, 1919 (Aalen 1965), 601; ders., Renaissance und Reformation,（本書注8参照）289.

(40) J. Höffner, Christentum und Menschenwürde. Das Anliegen der spanischen Kolonialethik im Goldenen Zeitalter, Trier 1947; B. Tierney, The Idea of Natural Rights. Studies on Natural Rights, Natural Law, and Church Law 1150–1625 (Emory University Studies in Law and Religion 5), Cambridge, 1997.

(41) De servo arbitrio, WA 18, 605.

(42) Handbuch der Dogmen- und Theologiegeschichte, hg. von C. Andresen, Bd. 1–3, Göttingen, 1982–1984.

(43) Handbuch der Ökumenik, Bd. 1, hg. von H. J. Urban und H. Wagner, Paderborn, 1985, 307–324 (Kap. 7: J. F. Werling, Bemühungen um die christliche Einheit in der Neuzeit).

(44) Ignatius von Antiochien, An die Smyrnäer 8, 2. カトリック性の理解には W. Kasper,

Katholische Kirche,（本書注20）254–265.

（45）第二バチカン公会議の教会憲章『ルーメン・ジェンチウム』1、9、48、59、現代世界憲章『ガウディウム・エト・スペス』42、45および宣教教令『アド・ジェンティス』1以下。Vgl. Bericht aus Uppsala, 1968. Hg. von N. Goodall, Genf 1968.

（46）第二バチカン公会議教会憲章『ルーメン・ジェンチウム』8、エキュメニズム教令『ウニターティス・レディンテグラツィオ』4、6。ドンブ・グループ『教会の回心、教会共同体の完成におけるアンティティと変貌』Für die Umkehr der Kirchen. Identität und Wandel im Vollzug der Kirchengemeinschaft, Frankfurt am main, 1994 参照。

〔Groupe de Dombes（ドンブ・グループ）とは、ポール・クトュリエ（Paul Couturier, 1881-1953）の呼びかけに応えて、フランス・リヨン近郊の小都市ドンブの修道院に一九三七年以降定期的に集まり、エキュメニカル対話を行ったそれぞれ二〇人のカトリック、プロテスタントの神学者のグループ。一九七一―九八年の間に、エキュメニズムにとって重要なテーマについての文書を発表している〕。

（47）P. Walter, K. Krämer, G. Augustin（Hg.）, Kirche in ökumenischer Perspektive, Freiburg im Breisgau, 2003, 46–61（W. Kasper 記念論文集）掲載の A. Birmelé, Die Ekklesiologie der Leuenberger Kirchengemeinschaft.

（48） Lehrverurteilungen - kirchentrennend? Band 1: Rechtfertigung, Sakramente und Amt im Zeitalter der Reformation und heute（Dialog der Kirchen 4）. Hg. von K. Lehmann und W. Pannenberg, Freiburg im Breisgau-Göttingen, 1986. 二—四巻（1989–1994）には資料と態度表明への応答が含まれている。

（49）「義認に関する共同宣言」（一九九九年）。メソジスト教会世界大会は、二〇〇六年七月二三日韓国・ソウルで支持を表明した。ルーテル国際連盟と教皇庁キリスト一致推進委員会は共同で『義認の教理に関する共同宣言一〇年後』（10 Jahre Gemeinsame Erklärung zur Rechtfertigungslehre. Hg. vom Lutherischen Weltbund und vom Päpstlichen Rat zur Förderung der Einheit der Christen, Frankfurt am Main-Paderborn, 2011）を出版した。その中ではK. Lehmannがこの宣言への国際的な準備過程と神学的基礎について卓越した展望を書いている。

（50） W. Kasper, Harvesting the Fruits. Basic Aspects of Christian Faith in Ecumenical Dialogue, London–New York, 2009（dt.: Die Früchte ernten, Paderborn-Leipzig, 2011）; J. A. Radano（Hg.）, Celebrating a Century of Ecumenism. Exploring the Achievements of International Dialogue, Grand Rapids/Mich.（USA）–Cambridge, 2012.

（51） この関連で示唆に富み、さらに示唆的なものは世界教会一致協議会・信仰と教会規則委員会の文書『教会――共同のヴィジョンに向けて』(Die Kirche - Auf dem Weg zu einer gemeinsamen Vision, Paderborn-Gütersloh, 2014)である。

(52) Y. Congar “Die Lehre von der Kirche. Vom Abendländischen Schisma bis zu Gegenwart (2. und 3. Kapitel), Handbuch der Dogmengeschichte Bd. III/3d. Freiburg im Breisgan, 1971; および W. Kasper, Katholische Kirche (本書注20), 102-109.

(53) エキュメニズムへのコミットメントについては、ヨハネ・パウロ二世の回勅『キリスト者の一致』(Ut unum sint, 1995) 28。

(54) 第二バチカン公会議のエキュメニズム教令『ウニターティス・レディンテグラツィオ』(『一致の再建』、一九六四年)とヨハネ・パウロ二世の前掲のエキュメニズム回勅、一九九五年。

(55) W. Kasper, “Die ökumenische Vision von Papst Franziskus,” G. Augustin/M. Schulze, Auf dem Weg zu einem lebendigen Glauben (Kurt Koch 献呈記念論文集), Freiburg in Breisgau, 2015, 19-34.

(56) O. Cullmann, Einheit durch Vielfalt, Grundlegung und Beitrag zur Diskussion über die Möglichkeiten ihrer Verwirklichung, Tübingen, ^{2}1990.

(57) 他に以下を参照。Vom Abendmahl Christi. Bekenntnis (1528), WA 26, 261-509. 一六世紀におけるカトリック側との争点はミサの犠牲としての性格が中心であった。カトリック側では一六世紀には不明確性があった。今日、より新しいアナムネーシス（記憶）に関する理論は、完全に克服してはいないが、その対立をやわらげた。

（58）H. Meyer, Bemerkungen zum Artikel 28 der Confessio Augustana und zum Artikel 14 der Apologie der Confessio Augustana über das Bischofsamt. およびVersöhnte Verschiedenheit. Aufsätze zur ökumenischen Theologie Bd. 2: Der katholisch/lutherische Dialog, Frankfurt am Main, 2000, 284-316.

（59）Galaterkommentar 1531/35, WA 40 I, 181; vgl, dazu H. Meyer, Das Papsttum bei Luther. . .（本書注16参照）。

（60）米国カトリック司教協議会と福音主義ルーテル教団のエキュメニズムおよび諸宗教対話委員会の文書『途上に関する宣言――教会、教職とユーカリスト』（二〇一五年）参照。

（61）Von der Freiheit eines Christenmenschen（1520）, WA 7, 20-38, 特に25f. この問題についてはF. Buzzi u. a.（Hg.）, Lutero e la mistica（本書注6）中のM. Cassese, La mistica nuziale in Martin Lutero, 185-230がアウグスティヌス、クレルヴォーのベルナルドゥス、ボナヴェントゥラ他のルターへの影響を論じてる。

（62）P. D. Murray（ed.）, Receptive Ecumenism and the Call to Catholic Learning. Exploring a Way for Contemporary Ecumenism, Oxford, 2008.

(63) 二〇一六年一月二五日「キリスト教一致祈禱週間の終わりにあたって――講話」(http://w2.vatican.va/content/francesco/de/homilies/2016/documents/papa-francesco_20160125_vespri-conversione-san-paolo.html) 参照。

著者略歴

ヴァルター・カスパー枢機卿……一九三三年生まれ、神学博士、一九八九―一九九九年ドイツ・ロッテンブルク－シュトゥットガルト司教。二〇〇一年枢機卿の位に挙げられた。二〇〇一―二〇一〇年教皇庁キリスト教一致推進評議会およびユダヤ教との宗教的関連委員委員長、教理省と東方教会省の委員。

カスパーは『カトリック成人要理』（Katholische Erwachsenenkatechismus）初版の首席執筆者、『教会と神学のための百科事典』（Lexikons für Theologie und Kirche）第三版の編集長を務めた〔第二版編集長はカール・ラーナー〕。

多くの著書があるが、特に以下が重要である。

Der Gott Jesu Christi『イエス・キリストの神』

Jesus, der Christus『キリストであるイエス』（犬飼政一訳『イエズスはキリストである』あかし書房、一九七八年）

Einführung in den Glauben『信仰入門』（犬飼政一訳『現代カトリック信仰』南窓

社・一九七四年）

Theologie und Kirche（2 Be）『神学と教会』

Katholische Kirche. Wesen - Wirklichkeit - Sendung『カトリック教会――本質、教会性、使命』

Wege zur Einheit der Christen. Schriften zur Ökumene I（Walter Kasper Gesammelte Schriften 14）『キリスト者の一致に向けての問い』（著作集一四巻）

Einheit in Jesus Christus. Schriften zur Ökumene II（Walter Kasper Gesammelte Schriften 15）『イエス・キリストにおける一致』（著作集一五巻）

著作集はHerders書房から出版中。

教皇フランシスコはカスパーの著書Barmherzigkeit. Grundbegriff des Evangeliums - Schlüssel christlichen Lebens（『いつくしみ――福音の根本理念・キリスト教的生き方の鍵』第四版）を霊的読書として推奨された。教皇フランシスコの教会統治の神学的理解の助けは、二〇一五年出版のPapst Franziskus - Revolution der Zärtlichkeit und der Liebe. Theologische Wurzeln und pastorale Perspektiven, Stuttgart 2015（『教皇フランシスコ・優しさと愛の革命――神学的根源と司牧的牧会的展望』）である。

W・カスパー枢機卿『マルティン・ルター』を読む

徳善　義和

一

第二バチカン公会議の『エキュメニズム教令』を受けて、逸早くルーテル教会とローマ・カトリック教会との神学的対話を始めたのはアメリカだった。国際レベルの対話がこれに続いて、ルーテル世界連盟とバチカンのリーダーシップの下で、ルーテル＝ローマ・カトリック神学対話国際委員会が始まったのだった（このような場合の教会名の順序は教会名を英語で表記したときの頭文字のアルファベット順とすることが一般に了解されているから、Lutheran, 次いでRoman Catholicの順となる）。その第三期の委員会の成果が『義認の教理に関する共同宣言』（邦訳は教文館発行、二〇〇四年）として、両教会の代表による署名を得て公にされたのは一九九九年のことであった。エキュメニカル対話の成果として公にされた諸文書は多くあるが、関係教会の代表による署名を得て公表される文書はこれひとつであることから見ても、この文書を重要なものとして、これに注目する必要があろう。

私はこの神学対話国際委員会第四期の委員会（第一回一九九五年から第一〇回二〇〇五年まで）のルーテル側委員として、「教会の使徒性について」を論じた対話の討論に参加して、この委員会はその成果を文書（英独の二カ国語で公刊）で残した。その後二〇〇九年に始まった第五期の委員会には日本から鈴木浩（ルーテル学院大学・神学校）名誉教授が参加しているが、この期の委員会は二〇一七年の宗教改革五〇〇年を視野に、会期の途中に『争いから交わりへ』（邦訳は教文館発行、二〇一五年）を公にしている。鈴木教授によれば、宗教改革五〇〇年の前年、二〇一六年一〇月三一日にはスウェーデンのルンドのルーテル教会大聖堂で両教会の記念礼拝が行われ、これには教皇フランシスコとルーテル世界連盟議長ユナン監督《ビショップ》が「共同宣言」に署名した。これまた画期的と言えよう。

私が委員の一人だった第四期の対話委員会では、ルーテル側の共同委員長はハンガリーのブダペストのルーテル教会監督《ビショップ》だったが、カトリック側の共同委員長だったのが、ワルター・カスパー司教《ビショップ》だった。当時はテュービンゲンに程近いロッテンブルクの司教だった。このロッテンブルクは一六世紀にはオーストリアの飛び地であったため、一五五五年のアウグスブルク宗教和議の結果であった「教派属地権」に基づいて、プロテスタントの地域に囲まれて、それ以来カトリックの地域であり続けているのである。私が委員だった第四期の委員会の第二回（一九九六年）はこの地で委員会をもったが、確かネッカー川のほとりの静かな山あいの町だったと思う。一夕はカスパー司教の司教館にも招かれたが、古い司教館を予想していたら、意外に新しい鉄筋コンクリート作りだったのを覚えている。

この神学対話委員会の共同委員長としてのカスパー司教の委員会運営、討論の誘導、全体の統轄も見事だったが、委員長として控え目ながら時々述べられる意見はその場の討論に対して実に適切だったのを記憶している。そうした際の意見はこの度のこの小著にもまとまった形で反映されていると言ってよいであろう。

委員会では一週間余にわたって生活も礼拝も共にするから、初対面の挨拶が済むとすぐに親しくなる。ドイツ語の会話では、「Sie（あなた）」と呼び合う関係でなく、「Du（君、あんた）」と呼び合うようになるのである。一日の討論を終えて、夕のひとときサロンのような部屋で寛いでワインでも傾けていれば、和やかな場ももつ。「司教様」、「委員長」と話している堅い雰囲気はない。二〇〇〇年の第六回委員会がミラノ郊外のコミュニテで開催されたときだったろうか。聖日の礼拝は歴史的に見てアンブロシウスと関わりの深い、ミラノの大聖堂で行われ、委員のうちのカトリック聖職者は聖壇に並び、ルーテル教会側の共同委員長が説教した。その折カスパー司教は聖卓の後ろ、聖職者の席で、一段と高い席に座していた。その日の夜のワインの場でだったか、私はいつものように「Du」で呼び掛けながら、「委員会や夕の交わりの席では親しく『Du』で話しをさせていただいているが、今日の礼拝では、Duが司教様であることを実感しましたよ」と話し掛けたら、「その通りです」とにこやかに応じられたのを思い起こしている。

しかしテューービンゲンなどいくつかの大学カトリック神学部教授として教義学を講じてからロッテンブルクの司教となられた方だから、この共同委員会におけるルーテル教会との神学対話においても、その神学的立場、姿勢は明瞭だった。学生時代にはテュービンゲンでハンス・キュンクにも師事したはずだが、カトリック教会の改革に関して急進的過ぎたため、カトリック神学部のすべてにおいて教授することを禁じられたキュンクほどではなく、穏健な進歩派だという印象を受けた。それは今回のこの小著にも鮮やかである。言うならば、カトリック的立場は十分理解しながら、ルーテル教会との神学対話に当たっては、信仰的、神学的に共通する点を確認して、その周辺の諸テーマについて問いと答えとの対話を緻密に繰り返し試みつつ、一方では共通する理解を広げ、他方ではなお両者の間に残る問いもまた明瞭にするというものである。この姿勢は既に『義認の教理に関する共同宣言』を一読すれば明瞭である。

しかし私個人としては残念に思っていたのだが、一九九九年にヨハネ・パウロ二世の指名により、教皇庁キリスト教一致推進評議会の次官への招きを受けられたため、共同委員会のカトリック側委員長をポーランド／オポーレの大司教に譲られて、バチカンの職務に専念となられたのだった。

二

ところでベルリンでのシリーズ講演に基づくという今回のこの著作を一読すれば、カトリック教会としてのカスパー枢機卿のエキュメニカルな対話に対する立場、姿勢は明瞭となると思われる。この小著もルターの伝記やルター評伝ではない。副題にもあるとおり、ルターとその宗教改革を現代の「エキュメニズムの視点から」論じるものである。序章の終わりに書かれている一文が著者の論点を明瞭に指し示していよう。「まさにルターとその福音の異質性こそが今日、エキュメニズム運動にとって本来、現実に焦眉の問題なのである」と。このことを確認する最終章に向かって、著者は宗教改革から現代に至る、教会と近代思想に取り囲まれた、ルターと宗教改革を短く論じて、明らかにしてくれる。

そもそもルターがローマ・カトリック教会に対して問いを投げ掛けて、ルーテル教会という教派教会を起こそうとしたのではないことに注目を促す。神の義の発見によって明瞭になったキリストの福音を西方教会全体が認め合って、教会の革新に至ることを願ったのである。著者はそのような改革理念が既に中世後期からあったことにも注意を喚起する。だからルターに対する当時のローマ・カトリック教会の反応もカトリック改革と対抗改革の両面をもったのであった。しかし当時のローマ・カトリック教会の趨勢は、西欧の政治情勢の影響もあって、対抗改革の方向へと向かい、歴史の流れは宗教改革と対抗改革との対立の方向へと向かったのである。ルターは異端とされ、破門された。その結果、当時の政治情勢の中でドイツ北部から北欧にかけては、ローマ・カトリック教会に拮抗するかに思えた、ルーテル教会を中心とした政治と教会の領域となった。一五三〇年アウグスブルク国会に提出するために、ルターに即応してその若い同労者メランヒトンが執筆した『アウグスブルク信仰告白』も特にその主要条項において、キリストの教会の信仰とあり方を適切、かつ簡潔に提示したものだったが、当時のローマ・カトリック教会側からは、本来内包していたルターの意図において見られることはなく、反駁文書が公にされるに留まった。ドイツの諸領邦とそのルーテル教会の中でも、対カトリックの姿勢を強めたまま、自らの陣営内での神学論争に決着を付けた結果をまとめた『和協信条』（一五七七年）と、続いて結集された『一致信条集（ルーテル教会信条集）』（一五八〇年）に至ったが、『アウグスブルク信仰告白』もまたこの枠内の一文書として解釈されることとなってしまったのである。ローマ・カトリック教会もトリエント公会議の諸決定では、カトリック改革を含めながら、対抗改革の姿勢を崩さず、続く世紀も対抗と対決の流れの中でルーテル教会にも対応し続けたのだった。続く近代思想もその固定化された状態をそのままつづけることになり、両教会の間に新しい対応や関係が生じることはなかった。

第二バチカン公会議はその点で新しいものをもたらしたのだった。私自身『教会憲章』と『エキュメニズム教令』に画期的なものを見出し、これに注目して、それ以後にどのような変化が現れてくるのか注目したいと思ったものだった。事実、ローマ・カトリック教会は聖公会やルーテル教会を始めとする、教会間の対話の口火を切った。これはエディンバラで始まった世界教会一致運動や世界教会協議会、信仰と職制委員会の流れとは異なる、新しい流れをキリスト教世界とそのエキュメニズムにもたらしたと私は感じている。

国際レベルや日本でのローマ・カトリック教会と聖公会とルーテル教会のそれぞれ二教会間対話を見ても、いずれもニケア信条、洗礼の相互の確認や承認から始まって、共通する理解と実践を広め、深めていっていると思う。その顕著な成果はルーテル教会とローマ・カトリック教会との間でまとめられ、両代表による署名を得て公にされた『義認に関する共同宣言』である。義認に関して共有しうる中心点を明瞭にした上で、なお残る、今後の対話の課題となる問題点を列記した宣言だった。これは第六章で著者が引用している現在の教皇フランシスコの発言に見られる「和解した多様性」に通じ、それに至る途上の里程標と言えるものだと思う。

最終章で著者は、一五一七年は「分裂への道の始まりとなった」と言う。これに対して二〇一七年は「一致への道の歩き始めとなろう」と自らを含め、われわれにチャレンジしている。キリストの福音を信じ、生き、証しするひとつのキリスト教会の、歴史内での多様性の相互承認に向かう歩みへと、われわれみなが招かれていることを確認しなければならないであろう。そのときルターによるキリストの福音の発見に立ってキリスト教信仰とその教会の信仰的なあり方の基本をまとめたメランヒトンの『アウグスブルク信仰告白』（その第一部、特に第一条から第一七条それぞれの主文）とトリエント公会議の諸決定のカトリック的改革の部分とがその本来の意味において、歴史に対して貢献をすることになろう。その歩みにとって、ルターは自らの原点においてわれわれの共通の証人であることを、われわれはカスパー枢機卿と共に確認してよいであろう。

訳者解説

一　第二バチカン公会議前後のエキュメニズム運動

一九世紀後半からプロテスタント諸教会の間ではお互いに連絡取り合い、協力しようとする意識が芽生え、さまざまなエキュメニカルな組織が生まれた。ローマ・カトリック側では、バチカン当局は東方正教会との接触には熱心であったが、西方キリスト教圏内の諸教会との接触にはむしろ控えめ、警戒を隠さなかった。それは第二次大戦後、西欧キリスト教社会の再建ムードが高まった五〇年代から六〇年代でも実質的には変わらなかった。ピウス一一世と一二世の姿勢はある時は他の諸教会との接触を促すように見えても、他の時はとどめるような指示を与えるような印象を与えた。

それにもかかわらず、フランスではイヴ・コンガールのように、個人としてエキュメニズムの推進にコミットした人物がいたし、著者が本書注46で言及しているカトリック、プロテスタントの学者有志の集い「ドンブ」グループがあった。ドイツ語圏では、カトリック、プロテスタント双方の神学者、司祭、信徒のグループ「ウナ・サンクタ」(una sancta)が第二次大戦以前から活動していた。教皇ヨハネ二三世の世界史の舞台への登場と第二バチカン公会議によって、カトリック教会の教導職と信徒にとってエキュメニズムはもはや逆流することのない時の流れとなった。第二バチカン公会議のエキュメニズム教令『ウニタ―ティス・レディンテグラチオ』(Unitatis redintegratio, 一九六四年)と教皇ヨハネ・パウロ二世のエキュメニズム回勅『キリスト者の一致』(UT UNUM SINT, 一九九五年)によってカトリック教会のエキュメニズムへ向かう姿勢がもはや変更のない道程として鮮明になった。第二バチカン公会議の開催に際してそれを推進する部署として教皇庁のなかに新しい部署が設けられ、アウグスティン・ベア枢機卿が長官に任命され、重要な局面で指導的な役割を果たし、公会議後も引き続き、ヨハンネス・ウィルブランズ枢機卿をはじめとする彼の後継者たちが推進し、今日に至っている。カスパーもそれに連なる重要な人物であった。

もう大分以前になるが、日本のルター学会の重要なメンバーの一人である方がドイツのルター学会に出席されて、参加者のうちでカトリックの研究者が多かったことは驚きだったと話されていたことが思い出される。ルーテル教会との教会どうしの公式な交わりは、今から三五年前のアウグスブルグ信仰告白四五〇年記念が盛大に祝われたおりであった。ウィルブランズ枢機卿とミュンヘンのラッツィンガー大司教が列席した。カトリック側ではアウグスブルグ信仰告白が正統なキリスト教信仰の表現として承認しようとする機運が高まったが、そこまではいかなかった（山本和編『歴史の神学』創文社、一九八九年、二三九頁以下参照）。この時期、カスパーはまだテュービンゲン大学教授であったが、アウグスブルグ信仰告白四五〇周年記念論文集に「プロテスタント・カトリック対話にアウグスブルグ信仰告白」を寄稿し、それまでの信仰告白をめぐるカトリック、プロテスタント双方の研究の評価を行っている。

この時点から両教会は国際レベルの対話を定期的に行い、一九九九年の『義認の教理に関する共同宣言』に向けた歩みをともにたどることになった。その時、カスパーはキリスト教一致推進評議会次官として、この共同宣言起草と正式調印までの過程で重要な役割を果たすようになった。そして彼の後継者によって、二〇一七年の宗教改革五〇〇年記念を見据えた共同文書『争いから交わりへ』が二〇一三年に公表され、相互理解がいっそう深められるようになったのである。

ドイツのカトリック司教団は今やルターを「福音の証人」、「信仰の教師」とまで呼ぶようになった（Reformation in Ökumenischer Perspektive, 20 Julie, 2016, 27〔『キュメニカルな展望における宗教改革・ワークドキュメント』二〇一六年七月二〇日、二七頁〕）。第二バチカン公会議の『エキュメニズム教令』発布以来五〇年の間ローマ・カトリック、ルター両教会の間で続けられてきた対話がこのように実を結んだわけである。

ルターが九五か条を提示した一〇月三一日は、宗教改革記念日としてルーテル教会で例年祝われてきたが、昨年はその五〇〇年目の節目にあたり、ルーテル世界連盟誕生の地、スウェーデン、ルンドのルーテル教会大聖堂で「争いから交わりへ」の主題の下エキュメニカルな記念行事として「合同礼拝」が行われた。教皇フランシスコは招かれて出席し、説教を行い、十字架の犠牲に赴く前の一二弟子たちとの最後の晩餐における「ぶどうの木と枝」の結びつきについてのイエスのたとえ（ヨハネ一五・4―5）に言及し、分かれている教会が一致をめざしていっそう協力しなければならないと諭された。

この共同記念行事においては共同声明が教皇と国際ルーテル教会連盟の議長ムニブ・ユナン牧師とその事務局長マルティン・ユンゲ牧師によって署名され、ともに十字架の受難と死を通して、復活したキリストの証人となり、人類への神の限りない愛を述べ伝える協力者になることが誓われたが、この際もヨハネ一五・4が引用され、一致をめざすエキュメニズム教会論が最後の晩餐における弟子たちへのイエス自身の言葉に基づいていることがはっきりと表明された。

二　第二バチカン公会議前後のカトリック神学の活発な時期におけるカスパー――その生い立ちと位置づけ

第二バチカン公会議の終了を受けて二〇世紀後半から二一世紀のはじめにかけてドイツではカトリック神学の隆盛期であった。カール・ラーナー、ハンス・キュンク、後のベネディクト一六世である、ヨーゼフ・ラッツィンガー、アロイス・グリルマイアー、オットー・ゼンメルロート等々名前が脳裏に浮かんでくる。ハンス・ウルス・フォン・バルタザールは彼らの全体の流れからは孤絶していたが、やはり無視することはできないであろう。ハンス・キュンクとラッツィンガーは第二バチカン公会議で他の錚々たる神学者とともに公会議の神学顧問に加えられていた。彼ら二人は、公会議後のドイツ・カトリック神学界で活躍するようになったヨハン・メッツとともにまだ三〇代後半の若き神学部教授たちであった。それはプロテスタント側でもバルト後の若い神学者たち、モルトマン、パネンベルク、ユンゲルらが活躍した時代でもあった。

本書の著者ヴァルター・カスパーは彼らよりも四、五年若いジェネレーションに属し、公会議で活躍することはなかった。彼は公会議後にドイツ・カトリック神学界で存在が顕著になった神学者であった。彼は、一九三三年三月五日に南ドイツ・バイエルン地方に隣接するバーデン・ヴュルテンベルク地方の町ハイデンハイムに生まれ、ドナウ河ぞいのエーインゲンで高等学校卒業資格を取得し、テュービンゲンのヴィルヘルム神学生寄宿舎からカトリック神学部の学生として大学に通い、哲学・神学を学んだ後にミュンヘン大学で学び、一九六一年に神学博士になり、その後教授資格論文を提出し、合格し、教授としてのキャリアを歩むこととなった。

公会議終了後間もなくハンス・キュンクがテュービンゲン大学カトリック神学部教授に招聘され、学部長になり、ミュンスター大学からラッツィンガーを教授として招聘し、短い期間、二人は親密な関係だった。しかし大学紛争に嫌気したラッツィンガーは、テュービンゲンを去って、新設のレーゲンスブルグ大学に移籍する。この間、カスパーはキュンクの学術助手を務め、ミュンスター大学カトリック神学部に教授として招聘され、テュービンゲンにもどり、教授に就任した。キュンクがローマとのトラブルに直面した時、彼は学部長であった。この間、カスパーは有名なドイツ語カトリック百科大事典『神学と教会事典』(Lexikon für Theologie und Kirche, 全一一巻) 第三版の編集長、ローマの国際神学委員会に連なり、一九八九年、ロッテンブルク－シュトゥットガルト教区の司教に任命された。

一九九九年、彼は教皇ヨハネ・パウロ二世によって教皇庁キリスト教一致推進評議会次官に任命され、二〇〇一年、エドワード・カシディ枢機卿の退任後、教皇は彼を枢機卿に挙げ、エキュメニズムとユダヤ教の関係を取り扱うこの部署の長官に任命した。ラッツィンガーはすでにミュンヘン大司教として枢機卿となった後、ローマ教皇庁教理省長官になっていた。二〇〇五年ヨハネ・パウロ二世の没後、ラッツィンガー枢機卿が教皇に選出され、ベネディクト一六世を名乗るようになったが、カスパーは教皇庁職役職者定年期限をすでに数年前に超えているとして退任を数度申し出て、受諾され、母国にもどった。やがてベネディクト一六世の教皇辞任後選ばれた「地球の向こう側から来た」とみずから称した教皇フランシスコの良き助言者、その福音の喜びと「慈しみ」の神学の解説者・推進者としての役割を果たすようになった。本書の最後の部分では、彼はエキュメニズムを福音宣教の新たな展望に拡大して実践することを提案している。

三　テュービンゲン学派とカスパーの思想

カここでスパーの神学思想の形成をたどってみようと思う。その場合、ヨーゼフ・ラッツィンガー（後のベネディクト一六世）のものと対照すると、面白い、暗示的なデータがあると思われる。ラッツィンガーの博士論文は『アウグスティヌスの教会論における神の民と神の家』、教授資格論文は『ボナヴェントゥーラの啓示理解と歴史神学』であった。カスパーの博士論文は、一九世紀第一バチカン公会議前後の教父伝統を現代に生かそうとしたローマのグレゴリアン大学の神学教授たちを中心とした「ローマ学派」における伝統の理念に関する『ローマ学派における伝統論』であり、彼の教授資格論文はヘーゲルと詩人ヘルダーリンの友人、観念論哲学者シェリングの後期思想、特に歴史の中の精神についての研究『歴史における絶対性——シェリングの後期哲学における哲学と神学』であった。この研究成果はまだ現在でもシェリング研究文献に加えられる重要文献である。カスパーのまなざしは近代精神が直面する歴史の問題に向けられていたのである。彼は精神の絶対性を歴史の展開と結びつけ、啓示に至るための弁証法的思考を追求したのであった。

カスパーはドイツ・カトリック神学界で歴史と伝統をもつ「テュービンゲン・カトリック学派」に属しているが、一八世紀末に教会が啓蒙主義思想との折り合いをつけねばならないことを意識して現れたカトリック神学のこの学派は、英国のロマン派詩人コールリッジの思想やジョン・ヘンリー・ニューマンの教理の発展の考え方からもインスピレーションを受けていた。さらに、この学派は一九世紀以来、同じ大学のプロテスタント神学部を中心にした学派との関連性をもち、影響も受けていた。シェリングはルター教会の牧師の息子であり、精神と自由を歴史の枠組みの中で哲学的に位置づけ、結びつけるかに深い関心をもっていた。

カスパーは「後期シェリング」に関心をもち、教授資格論文を書くに至ったのだが、そのことは今では意外な感じを与えるかもしれないが、実はシェリングは一八三〇年前後から南ドイツの進歩的カトリック神学者のグループを指導していた（Thomas O'Meara, Romantic Idealism and Roman Catholicism, 1982）。若きカスパーにとって、後期シェリングの三一的弁証法によって歴史を理解し、キリストの受肉と十字架の死による自己放棄の核心から歴史における精神の働きを解明しようとした包括的思想の展開が魅力的であったに違いない。しかし彼の研究は、シェリングのように世界全体を弁証法によって整理し、体系化して歴史をその中に取り込み、巨大な体系図に仕立てあげてしまうのではなく、それを対話の次元へと高める必要性を強調している点である。

カスパーの著書の中で邦訳があるのは、わずかに七〇年代に出版された二冊だけである。原書は現在でも読者に感銘を与えるものだと言いうる。七〇年代後半から八〇年代中頃まではハンス・キュンク、カール・ラーナー、ヨーゼフ・ラッツィンガーの信仰入門、キリスト教基礎論に関する神学書の類が続々と出版された活気ある時期であった。カスパーの『イエズスはキリストである』（一九八〇年）と表題が訳されている Jesus der Christus（一九七四年）は彼のキリスト論である。この本を読みながらイエスのキリスト、メシア、救い主としての唯一の存在の生涯と人格が三位一体の聖霊によって受肉を通して実現し、十字架におけるケノーシスを通して人類の救いを徹底的に貫徹し、復活を達成したとする考え方が訳者の脳裏に今も残り続けている。

カスパーのキリスト論の特徴は、キリスト論の中に聖霊論を取り入れた新鮮さであった。今回、この訳者解説を書くに際してこの書を読みなおし、同時に彼の後期シェリングの哲学に関する教授資格論文を読んだが、このような聖霊の役割を強く印象付ける彼のキリスト論の骨格がシェリング的考え方に支えられていることを改めて認識させられた。それは一九八二年の Der Gott Jesu Christi における彼の三位一体論の展開につながり、完結していったと思われる。

彼の組織神学体系をひとまず完結し終えたところで、カスパーは一九八九年ロッテンブルク－シュトゥットガルト教区の司教に任命され、教会行政の任務につくことになった。やがて彼はローマに呼ばれて、最終的に枢機卿に挙げられたため、その後の神学業績の数は減少するが、『一致の秘跡』Sakrament der Einheit : Eukaristie und Kriche, 2004 と『一致への道――エキュメネーへの道』Wege in die Einheit: Perspektiven für die Ökummene, 2005 を世に問うている。一致の秘跡としてエウカリスティアをもっている諸教会あるいは教会的共同体がそれを分かち合うことができるために、将来の一致に向かってあらゆる困難を解決して進むようにと、彼は強調している。

カスパーはその道程を「あらゆる希望を越える希望」の力、聖霊によって励まされて世界の歴史を歩む神の民の考え方に結びつけ、エキュメニズムは聖霊に導かれて真理に向かって歩む成長の過程であると述べている。こうしてキリスト教徒は、啓示と真理の認識において聖霊の働きによって促されて成熟していくのである。伝統は決して固定化されるものでなく、生きた成長のプロセスであり、分かれた教会の信者は福音のそれぞれの部分の理解をもち、他の教会よりも優れたものを独占するのではなく、お互いに分かち合い、交換し合い、学び合うようにしなければならない。その過程をカスパー枢機卿はエウカリスティアの交換のイメージで描いているのである。

教会間の一致は単一統合を意味しない。もちろん、それは対立する立場の平和共存でもない。……それでも真の一致である三位一体の神におけるコムニオに基づいている。このコムニオは深い神秘である。それは相互に補完し合う表現形式から成る大きな豊かさにおいてのみ知られるのである。教会は多様性におけるそのような一致として様々な形態を取った神の「いろいろな働きをする知恵」（エフェソ三・10）、「神の輝き」（第二バチカン『教会憲章』4、および『エキュメニズム教令』2）なのであ

る。(Wege in die Einheit, 142)

ルターに関しては、カスパーはテューービンゲン教授時代のはじめ頃ハンス・キュンクとともに国際カトリック・エキュメニズム神学雑誌『コンツィリウム』Concilium 12(1976), 473-542 にカトリック側、ルーテル教会、他のプロテスタント、聖公会、ロシア正教を代表する神学者の寄稿をまとめた特集コーナー「ルターについての合意?」("Verständigung über Luther?")を編集している。その冒頭には以下の言葉がある。「我々の希望は最後にローマからマルティン・ルターについての待ち望まれた〈和解の言葉〉が公にありうることである」(473)。

四　教皇フランシスコとカスパー枢機卿

教皇フランシスコの登場は、世界情勢とエキュメニズムの現場に大きなインパクトを与えつつある。この教皇がくり返し述べているように、彼の中心理念は慈しみと福音の喜びである。教皇は二年連続で家庭の問題について全世界司教代表協議会を招集したが、カスパー枢機卿にその準備評議会で講話をするように依頼された。それが『家族の福音』

（Das Evangelium von der Familie, 2014）である。それに先立って『慈しみ・福音の基本概念――キリスト教的生き方の鍵』（Barmherzigkeit, Grundbegriff des Evangelium-Schluessel christlichen Lebens, 2012）を彼は出版している。

この本は教皇フランシスコが推奨されている。大きな研究書ではないが、「慈しみ」を聖書学的に裏付け、実践神学に至り、現代社会制度の限界を越えて人格的交わりを中心にする社会の建設にキリスト教的「福音」に基づく「慈しみ」が必要であるとの結論を説得力ある言葉で語り、人類共同体は現代の福祉社会の限界を越えて未来をめざして進んでいかねばならないとカスパーは述べている。本書はエキュメニズムに関するものであるが、この関連を無視してはならないであろう。

本書の末尾にはごく簡単な「ルターの生涯年表（世界史と日本史との関連で）」を付した。もともと原著にはなかったが、日本の読者は、マルティン・ルターが生きた時代が世界史的にどのような関連をもち、かつ日本の歴史でおよそどの時代に相当するのか、関心をもたれるであろうと思ったからである。

最後に、ルーテル教会の立場から本書の貴重な読後観をくださった、ルター神学にくわしく、国際ルター＝ローマ・カトリック委員会の委員を長らく務められ、カスパー枢機卿とも親しい関係におられた徳善義和先生からの原稿をいただいたことに、感謝の意を表明したい。

参考書

金子晴勇／江口再起編『ルターを学ぶ人のために』（世界思想社、二〇〇八年）
菊盛英夫『ルターとドイツ精神史――そのヤーヌスの顔をめぐって』（岩波新書九九七、岩波書店、一九七七年）
徳善義和他訳「ルターとその周辺Ⅰ・Ⅱ」『宗教改革著作集』３、４巻（教文館、一九八三年、二〇〇三年）
徳善義和『マルティン・ルター――原典による信仰と思想』（リトン、二〇〇四年）
徳善義和『マルティン・ルター――ことばに生きた改革者』（岩波新書一三七二、岩波書店、二〇一二年）
日本ルーテル神学大学ルター研究所編『ルターと宗教改革事典』（教文館、一九九五年）
A・E・マクグラス、高柳俊一訳『宗教改革の思想』（教文館、二〇〇〇年）
フィリップ・メランヒトン、ルター研究所訳『アウグスブルク信仰告白』（リトン、二〇一五年）

ルーテル／ローマ・カトリック共同委員会訳『義認の教理に関する共同宣言』（教文館、二〇〇四年）
ルーテル／ローマ・カトリック共同委員会訳『争いから交わりへ――二〇一七年に宗教改革を共同で記念するルーテル教会とカトリック教会』（教文館、二〇一五年）

ルターの生涯年表（世界史と日本史との関連で）

西暦	ルター関係	世界史・日本史関係
1346		黒死病の蔓延（－53年）。
1378		西方教会大分裂（－1417年）。
1402		中国・明の盛時（－24年）。
1414		コンスタンツ公会議(－18年)。
1421		永楽帝による北京遷都。
1445		グーテンベルク活版印刷術発明。
1453		オスマン・トルコ軍、コンスタンティノープル攻略。 東ローマ帝国滅亡。
1467		応仁の乱（－77年）。
1479		アラゴン、カスティーリャ両王国合併。スペイン王国成立。
1483	11月10日　マルティン・ルター、ザクセン選帝侯領内のアイスレーベンで誕生。	
1484	一家、銅精錬業の中心地マンスフェルトに移住。	1月1日　ツヴィングリ誕生。
1488	マンスフェルトのラテン語学校に入る。	
1491		10月23日頃　イグナティウス・デ・ロヨラ誕生。
1492		10月12日　コロンブス、米大陸到達。
1494		教皇アレクサンデル6世、トルデシリャス条約でスペインとポルトガルの領域境界定める。
1497	マグデブルクのテラン語学校に入る。	2月16日　メランヒトン誕生。
1498	アイゼナハの聖ゲオルク教区学校に入る。	レオナルド・ダ・ヴィンチ、「最後の晩餐」制作。 5月 ヴァスコ・ダ・ガマ、インド航路発見。

西暦	ルター関係	世界史・日本史関係
1498		サヴォナローラ火刑。
1501	エルフルト大学人文学部入学。	
1502	9月　教養学士号取得。	
1505	1月　教養学修士号取得。 5月20日　法学部に進学。	
1505	7月2日　シュトッテルンハイム近郊で落雷に遭い、修道士になることを誓う。 7月17日　エルフルトのアウグスチノ隠修士会に入る。	
1507	4月4日　エルフルト大聖堂で司祭叙階。	
1508	10月　ヴィッテンベルク大学人文学部で教鞭をとる。	
1509		7月10日　カルヴァン誕生。
1510	11月　修道会の要務でローマに旅行(翌年4月初旬まで)。	ポルトガル、ゴアを占領。
1511	夏の終わり頃　ヴィッテンベルクに移る（終生、同地に定住)。	
1512	10月　神学博士号取得。ヴィッテンベルク大学神学部教授に就任。	
1513	8月　詩編講義開始。	
1514		教皇レオ10世、教会建造のための献金に全免償宣言。
1515	春　ローマ書の講義開始。	
1516	10月　ガラテヤ書の講義開始。	エラスムス、『校訂版ギリシア語訳新約聖書』出版。
1517	4月　ヘブライ書の講義開始。 10月31日「贖宥の効力を明らかにするための討論」(「九十五箇条の提題」）をマインツ大司教アルブレヒト宛に提示。	
1518	10月12－14日　アウグスブルクで神学者カイェタヌス枢機卿（ドミニコ会）による審問。	

西暦	ルター関係	世界史・日本史関係
1519		5月2日　レオナルド・ダ・ヴィンチ、没す。
	7月4日－14日　ライプツィヒ討論(カトリック神学者エックとルターらの神学討論)。	6月28日　スペイン国王カルロス1世、皇帝カール5世となる。
1520	6月15日　教皇レオ10世、ルターに破門威嚇大勅書『エクススルゲ・ドミネ』発布。 8月中旬　『キリスト教界の改善に関してドイツのキリスト者貴族に宛てて』出版。 8月下旬　『教会のバビロン捕囚について』出版。 11月中旬　『キリスト者の自由について』出版。 12月10日　ルター、エルスター門の広場で、教皇の破門威嚇大勅書を焼く。	
1521	1月3日　教皇レオ10世、ルターに対する正式破門状『デケト・ロマヌム・ポンティフィクム』発布。 4月16日　ルター、ヴォルムス帝国議会へ召喚される。 4月17－18日　ルター、審問を受ける。 5月3日　帰途、ヴァルトブルク城に到着・滞在。 5月28日　ヴォルムス勅令発布（国外追放決定)。 12月　ルター、新約聖書のドイツ語翻訳を始める。	
1522	2月　新約聖書のドイツ語訳完成。 9月　ルター訳ドイツ語新約聖書（初版）出版。	マジェランの船、世界周航を達成。
1523	4月　『教会における礼拝の順序について』出版。	

西暦	ルター関係	世界史・日本史関係
1523	8月31日　旧約聖書のドイツ語訳のはじめの部分出版。	
1524	10月　公式に修道服を脱ぐ。	ドイツ農民戦争（－25年）。
1525	6月13日　カタリナ・フォン・ボラと結婚。 10月29日　ヴィッテンベルクで、最初のドイツ語ミサを執行。 12月　『ドイツ・ミサと礼拝の順序』、『奴隷的意志について』発表。	
1529	4月23日　『大教理問答書』出版。 5月16日　『小教理問答書』出版。 夏　メランヒトンとともに『シュヴァーバッハ条項』作成（初の福音主義信仰告白）。 10月1－4日　マールブルク会談（ルターとツヴィングリとの会談）。	
1530	4月－10月　コーブルク城に滞在し、アウクスブルク国会のメランヒトンと連絡をとる。	
1533		スペイン人ピサロ、インカ帝国を滅ぼす。
1534	旧新約聖書のドイツ語訳完成。 ドイツ語訳『聖書』第1版出版。	8月15日　イグナティウス・デ・ロヨラと6人の同志、モンマルトルの誓い。 11月　ヘンリー8世、国王至上法発布（イングラント国教会成立）。
1535	『ガラテヤ書講義』出版。 ヴィッテンベルク一致信条（ツヴィングリ派との間で聖餐論を除き協定成る）。	
1536	『シュマルカルデン条項』起草。 12月　『シュマルカルデン条項』執筆。	3月　カルヴァン、『キリスト教綱要』発表。
1537	1月21日－3月14日　シュマルカルデンに滞在。	

西暦	ルター関係	世界史・日本史関係
1537	2月7日　シュルマルカルデン同盟会議にて、ルター起草の『条項』、同会議信条として採択。	
1539	3月『諸公会議と教会について』出版。	
1540	ドイツ語訳『聖書』第2版出版（－41年）。	9月27日　教皇パウロ3世、イエズス会を正式認可。
1543		5月24日　コペルニクス、没す。死の直前に『天球の回転について』公刊。 ポルトガル人種子島漂着、鉄砲伝来。
1545		3月15日　トリエント公会議、開会（－63年）。
1546	2月18日　ルター、アイスレーベンで死去。	
1549		8月15日　フランシスコ・ザビエル、鹿児島に到着。
1571		10月7日　レパントの海戦。スペイン艦隊、トルコ艦隊撃破。
1582		6月21日　本能寺の変。
1588		スペイン無敵艦隊、英国艦隊によって撃破される。
1590		秀吉、天下統一。
1600		10月21日　関ヶ原の戦い。
1601		イエズス会士マテオ・リッチ、北京到達。
1612		徳川幕府、禁教令を発す（－13年）。

訳者紹介

高柳俊一（たかやなぎ・しゅんいち）

1932年生まれ。上智大学文学部、フォーダム大学大学院、ザンクト・ゲオルゲン神学院で学び、上智大学文学部教授となる（英文学）。現在、上智大学名誉教授。上智学院新カトリック大事典編纂委員会代表。

著　書　『T.S. エリオット研究』（1987）、『カール・ラーナー研究』（1993、ともに南窓社）など。

翻訳書　A.E. マクグラス『宗教改革の思想』（2000）、J. マッコニカ『エラスムス』（共訳、1994）、G. ホームズ『ダンテ』（共訳、1995）、L.S. カニンガム『聖人崇拝』（2007）、M. ヒンメルハーブ『黙示文学の世界』（2013、ともに教文館）など。

編　書　シリーズ・世界の説教『中世の説教』（2012）、『近代カトリックの説教』（2012、ともに教文館）をはじめ、多くの編書・監修書がある。

マルティン・ルター――エキュメニズムの視点から

2017年1月30日　初版発行

訳　者　高柳俊一

発行者　渡部　満

発行所　株式会社　教　文　館

〒104-0061 東京都中央区銀座4-5-1　電話03（3561）5549　FAX 03（5250）5107
URL　http://www.kyobunkwan.co.jp/publishing/

印刷所　モリモト印刷株式会社

配給元　日キ販　〒162-0814　東京都新宿区新小川町9-1
電話03（3260）5670　FAX 03（3260）5637

ISBN 978-4-7642-6459-5　Printed in Japan